お金持ちの経営者や医師は既にやっている

“資産10億円”をつくる不動産投資

株式会社水戸大家さん代表
峯島忠昭

はじめに

融資の引き締めが懸念されながらも、変わらず不動産投資は活況が続いています。相続税対策の地主さん、そして、サラリーマン大家さん、たくさんのプレイヤーがいるなかで、不動産投資の情報も溢れかえっている状態です。

この書籍が並べられている書店の棚には、数多くの不動産投資の指南書があることでしょう。そして、地主さん向けの土地活用の情報も多くあります。

しかし、本当に役立つ経営者向けのノウハウというのは、ほとんどありません。

私は、個人投資家時代を合わせ、もう10年以上、全国各地をまわり不動産投資について、ご相談者の相談を解決する面談を行っています。

人数にして、述べ２０００人以上、当社の営業に任せている会社規模でいうと、ほぼ毎日全国のどこかでセミナーをしているので、年間３００日はアドバイスをしていることになります。

面談ご希望者の中には、すでに物件を所有されている方もいますが、やはり「これから不動産投資家を目指したい！」という初心者の方がほとんどです。

職業は様々で、その中心となっているのはサラリーマンです。しかし、最近は会社の経営者、自営業者に医師、弁護士や税理士といった士業の方など、サラリーマン以外の方も多くいらしてくださいます。

主な年代は30代から50代で、20代の若手実業家さんもいらっしゃいます。年収はそれぞれで、資産背景も人によって変わります。


たくさんの経営者や医師たちと面談をして二つほど気づいた点があります。

一つ目は、たとえ本業で商売繁盛、大きな利益を出されている経営者さんでも将来の不安がある・・・ということです。

考えてみれば、私自身も経営者ですから、その心配はよくわかります。とくに一代で事業に成功した経営者の皆さん、その道のスペシャリストである医師や士業の皆さん。万が一、自分が倒れてしまえば、自分の会社はままならないでしょう。

それでも、まだ経営者であれば、自分が現場に立たずとも商売をまわしていく仕組みをつくることができるかもしれません。これが自分の腕一本で食べていく医師や士業の方となれば、自分が病に倒れたらどうにもならないでしょう。

今の仕事で充分に成功している、今の仕事に大きなやりがいを感じている、今の仕事できちんと利益を出している・・そんな成功されている方ほど、リスクに対して万全の備えを用意しておくべきではないでしょうか。

これを対策するには、単純に収入の柱をもう一本つくることです。そのための手段として、不動産投資は向いていると私は考えます。


そして、二つ目に気が付いたことは、経営者や医師の場合、条件さえ揃えば不動産投資は成功しやすいということです。

こんなことをいってよいのかわかりませんが、ギリギリの融資を狙う方が多いサラリーマンや自営業の人と比べ遥かに早く、堅実に、大きく資産を築いて行けます。

しかし、忙しいあまりにこのことに気が付かない経営者の方も多いのです。成功がもう目の前にあるというのに・・・。

だからこそ、いますぐにこのことを知っていただき、さらにたくさんの方に幸せになっていただくため、通算7冊目となる本書を執筆することにいたしました。

なぜなら、私は起業から一貫して、一人でも多くの方にお金持ちになってもらうことをモットーとして会社を経営しているからです。

その仕組みから、メリット・デメリット、知っておきたい基礎知識から、融資戦略などをQ&A形式でまとめたのが本書です。

その全ては、私がこれまで面談した経営者の皆さんから受けた質問です。

難しいことは一切ありません。ごくごく基本的なことが中心ですが、経営者の皆さんにぜひお伝えしたいことだけを厳選しています。

不動産投資はスタートして、ある程度の成功を見据えるまでは早いものの、その運営期間は長期におよぶものです。

つまり、短距離走ではなくてマラソンです。数字も大切ですが、まずは根っこの部分がしっかりしていなければゴールまで走りきれません。

ときには迷うこともあるでしょう。

様々な職業や年収の方、さらには一人ひとり違う、投資への思いや背景などをお聞きしてベストな答えを出してサポートしていくのが私の仕事です。

もちろん、一概に何が正しいのか、答えは一つではないのが不動産投資です。それは多くの経験を積んだ先人にある程度任せるべきかもしれません。

ただ、必ず言えるのは、ただ漫然と「買いたい」と思っているだけでは、一歩も前には進まないということです。

不動産投資は様々なスタンスの方が行っていますし、投資手法も複数あります。

ですから大事なのは、まず動くこと。これに尽きます。

実際にあれこれ行動することにより、様々な疑問や懸念を一つずつ解決することで、自分の進む道が明確になっていくはずです。

本書が不動産投資家を目指す、経営者の皆さんの手助けとなることを願っています。

峯島忠昭

◆目次

第1部　準備編

第2部　購入編

第3章　資金・事業計画はどのようにおこなっていくのか

第4章　不動産投資の融資はどのような手段があるのか

第5章　どのような物件を選ぶべきか

第3部　運営編

第6章　管理運営は誰に任せるのか

第4部　拡大編

第7章　売却はどのタイミングですべきか

第8章　投資規模はどのように拡大していくのか

序章

同じ不動産投資でも
未来が変わる！
お金持ち社長と貧乏社長
の分かれ目とは？

まず、本編の最初に私の面談にいらした経営者の方の成功事例、失敗事例をご紹介します。

具体的には、社長さんから士業の方、お医者さんと様々な職業についている方です。

皆さん、本業ではとても優秀で成功を収めています。そのような方々でも、不動産投資で成功する人、失敗する人・・・結果には大きな差があるのです。

同じ不動産投資でも選ぶ道によって未来は大きく変わります。お金持ち社長と貧乏社長の分かれ目がどこにあるのか？　リアルな事例から知ってください。

【貧乏社長事例①】
営業トークで新築ワンルームを買ってしまった貧乏経営者さん
（神奈川県在住・50代　サービス業経営者）

経営者の方であれば、営業マンから電話がきた経験は一度や二度ではないはずです。購入で失敗する人は、やはり受動的なタイプで、営業トークに易々と乗っかってしまうというのが共通点といえるでしょう。

代表的なのが、新築ワンルーム投資の営業電話です。

都内の好立地にある単身者向けの新築ワンルームですが、割高でとてもキャッシュフローが出るような物件ではありません。ローン返済に管理費、修繕積立金、それから固定資産税・都市計画税を払えば、残るのはスズメの涙程度のキャッシュです。

「将来は年金になる」「所得税の還付金があるから、節税になる」などという説明を受けて、購入を決めたのはサービス業で成功されている経営者さんです。営業マンに勧められるがまま5戸ほどワンルームを購入しました。

当初はとくに持ち出しもないため、気にしていませんでしたが、新築から数年が経つうちに家賃も下落して、気が付けば赤字状態に・・・。各部屋数万程度ですが空室になれば10万円以上の持ち出しとなり、買わなければ良かったと後悔しても後の祭りです。

新築ワンルームマンションを購入してしまうと、その後に借りようとしても金融機関はかなり限定されてしまいます。しかもその金融機関は、どちらかというとサラリーマン向けが多いので、経営者の人だと圧倒的に借りにくい状況に陥ってしまうのです。

新築ワンルームマンションを販売する業者は、独自の名簿を持っています。そこには経営者や医師、弁護士、公務員などの高属性が中心に記載されていますので、注意が必要です。

考えてみればすぐにわかることだと思いますが、そもそも良い物件は電話営業などしなくてもすぐに売れます。売れないから積極的に電話しているのです。

【貧乏社長事例②】
空室に苦しみ、毎月赤字を垂れ流す、弁護士さん（東京都在住・40代　弁護士）

また、不動産投資を何も知らない新築ワンルームマンションのお客さんのような人に対して、赤字になるような地方のＲＣ造１棟マンションを販売する業者もいます。

私の元へ相談に見えたのは、東京都にお住いの40代の弁護士さんでした。埼玉北部に30室のＲＣ造マンションという大規模物件を購入されていました。高金利で低利回りにもかかわらず10室が空室で、毎月数十万円の赤字が出ているそうです。

こういったケースは中間省略といわれ、不動産業者が売主になって行われることが多いです。投資家からすれば売買仲介手数料もいらないですし、瑕疵担保責任も２年つきます（第５章参照）。そういったことを魅力に感じる投資家もいますが、中にはシミューションは最初からトントン、蓋をあけてみると少しでも空室になれば赤字になってしまう物件もあるのです。

こういった失敗物件を購入しないためには、賃貸ニーズがあるのか、家賃は適正なのか、そもそも高値買いではないか吟味する必要があります。

収支計算をしっかりすることで、キャッシュフローが出ないような物件を買う可能性は減るものです。だからこそ、不動産投資の基本を学ぶ必要もあります。ワンルームなら傷口が浅いけれど1棟なら、身の破滅です。

そもそも、そんなに簡単に優良物件には出会えません。

私のセミナーに来ていただいた方々と面談していても、物件を購入できるのは10人に1人くらいです。それぐらい良い物件は少ないのです。

では次にこうした貧乏社長とは対極にあるお金持ち社長をご紹介しましょう。

【お金持ち社長事例①】

好立地で買い増す、家賃年収3億円のお金持ち経営者さん
（地方都市在住・50代　小売業経営者）

1人目は、某地方都市で小売業を営んでいる、家賃年収3億円の経営者の事例です。

大きく成功する経営者の不動産投資のパターンは、本業の会社で買うのではなく、新しく資産管理会社を設立して買う場合なのですが、この方も例外ではありません。

本業と一緒になるのを避けるため、そしてリスク分散のために別法人で買い増しをしていきました。別法人で買うことによって融資に支障が出ることはあまりないですが、規模が大きい物件になると、本体のほうで買ってくれと言われる場合もあります。

この方の会社の売上規模は数百億円。最近は、市況がよくなって物件価格も上がってきたので、売却をしながら、さらに立地の良い物件を買い足しています。

この方の特徴は利回りではなく、立地にこだわっているのがポイントです。

本業からキャッシュフローは充分得られているので、こだわるところはあくまで立

地で人口減少、空室リスクに耐えうる物件だけを厳選しています。地元に定着しているため、土地のよしあしがわかるのが強みでもあります。

この地方都市の銀行は全体的に融資が厳しいのですが、その方は取引先が多く、また本業の業績がよいため、地元の銀行ならどこからでも融資を受けることができます。

現状では、キャッシュフローはさしてでていないのですが、残債が減ってきたら売却もできます。「残債をすべて払い終わったら、資産になる」そういう考え方で投資をされているのだと思います。

この方以外にも、関西の経営者で同じような投資をされている方もいらっしゃいます。資金に余裕がある経営者ならではの投資といえるでしょう。

【お金持ち社長事例②】
短期間でCF2000万円を達成したお金持ちお医者さん
(関西在住　40代　眼科医師)

2人目は、関西在住の開業医の方で45歳、専門は眼科です。年収は4000万円、預金は８０００万円ほどありました。

　医師の中でも年収はさまざまで、眼科医、美容整形外科医、麻酔科医などは特に高いそうです。一般に、地方のほうが補助金が出ることもあって、開業医、勤務医、アルバイト全ての給料は東京などの大都市圏よりも高いです。

　この方はかなりスピード感もあり、２～３億の物件を１年で３棟購入しました。現在はキャッシュフローが２０００万円ほど出ています。消費税還付分を含めると、現預金にして５０００万円増えた計算です。

　物件は全国の主要都市に持っており、リスクヘッジを行っています。どの物件も利回りが高くキャッシュフローも出やすいのですが、融資には多少苦労しました。属性が悪いのではなく、物件の担保価値が低いためです。

　ただし、これはどれだけ数を打てるかによるので、行動力がある方であれば何の問題もないと考えます。この方の場合は、年収４０００万円、預貯金も８０００万円で、さらに行動力と決断力があったため、ここまで急拡大をできました。

【お金持ち社長事例③】

信金を味方につけて5億円規模まで拡大したお金持ち税理士さん（札幌在住　30代　税理士）

3人目は、経営者ではないですが、札幌在住の税理士の方です。年齢は39歳、年収は800万円ほどです。安定感ある士業は信金、信組から融資を受けやすいです。

物件を購入したのは5年くらい前のこと、市況がよく、そこまで大きな規模の物件ではないですが収益性は高く、今売れば値上がりしているはずです。

法定耐用年数が切れそうな融資がちょっと難しい物件で、長めの期間で融資を受けると、キャッシュフローがでます。

築30年のRC造マンションを信金で融資期間20年、築18年の木造アパートを融資期間20年といったイメージです。

実は、最初大きな銀行は、融資に対していい顔をしなかったそうです。ただ、そこで諦めずに地元の信組や信金で買い進めて実績をつくった結果、大きな銀行も動かせるようになってきました。

最初のころこそ、金利は3・5％台と少し高めですが、今は5億円まで買い増したことで、金利1％台に借り換えることができました。

信金が協力してくれた理由として大きかったのが、不動産投資をする前からその信金に定期預金をコツコツ積み上げていたことでした。

今は規模を拡大したいと考えており、買い増しできる余力もあるので、良い物件が出たときに、いつでも地元の金融機関が貸してくれるという状況をつくっています。

この方の年収で5億円まで規模を大きくできたのは、やはり本人の努力の賜物だと思います。物件を探すのも本業の合間をぬって時間を割いていましたし、融資打診もかなりの数を行ってきたのが非常に印象的です。

まだまだ買い増す意欲があり、融資は十分に受けられます。現預金が増えたこと実績が認められ、もっと規模の大きな地銀・都銀とも取引しています。「5億円の目標は達成したので、今後は10億円を目指します」とお話されていました。

前述の2人と比較すると年収は高くありませんが、地元の金融機関と良好な関係を維持できており、本業の税理士とは別に不動産事業も進めているということで、非常に堅実なケースだといえます。

不動産投資で成功している金持ち社長、そして毎月の赤字に苦しめられる貧乏社長。どうしてここまで差がついたのでしょうか。それは、ひとえに「不動産投資の原理原則」を知らなかったからです。

次章からは、基本的な不動産投資の仕組み、メリット・デメリット、経営者ならではの融資戦略まで、わかりやすく一問一答形式でまとめていますので、興味のある部分から読み進めてください。決して、難しい内容ではありません。そこには、あなたを金持ち社長にするノウハウが詰まっています。

第１部
準備編

準備編は不動産投資をまったく知らない経営者の皆さんのために、まずは知っておいていただきたいこと。現在の市況と不動産投資の仕組みについて解説します。サラリーマン投資家に向けての情報はたくさんありますが、経営者向けのものはほとんどありません。難しい説明はあえて避けて、わかりやすい表現を心がけています。興味のある項目から読んでいただければと思います。

第1章では市況です。不動産投資はアベノミクス以降、盛り上がっています。2015年の相続税の改正、2016年のマイナス金利政策の影響もあって、地主・投資家どちらも増えているのです。ここでは、現在の市況から、不動産投資の今後まで解説しましょう。

第2章は不動産投資をよくご存じない経営者の皆さんに向けて、不動産投資とは一体どういう投資なのか。メリットだけでなくデメリットも紹介します。

第1章

【市況】いま不動産は買い時なのか

Q1 今は「買い時」なのでしょうか?

ここ1~2年は、マイナス金利などの影響もあったため、非常に融資を受けやすい時期が続いていました。しかし、この状況は長く保たないと思います。

金融機関の融資状況はあまりに積極的で、過度期にあると私は考えています。融資を受けなければ、購入できる物件はかなり限られてしまいます。ですから、そういう意味では、今は買い時といえるでしょう。

2017年2月、日本銀行が発表した調査結果によると、全国の銀行における2016年の不動産業向け新規貸出額は、前年比15・2%増の12兆2806億円。これは統計を開始した1977年以来、過去最高の数字です。

全体の新規貸出額は48兆3988億円ですので、不動産向けの融資が4分の1を占めていることになるのです。

こうした状況をふまえて、東京における金融機関にて「不動産融資」に対する締め付けが徐々に始まっており、同時に金融庁も警戒の姿勢を強めています。

したがって、今まで以上に融資が受けやすい状況になるとは考えにくいため、借りられるうちに借りておく——つまり、できるだけ早めに不動産投資を始めるに越したことはないといえるでしょう。

また、金融機関は基本的に一見さんに厳しいですが、すでに取引経験があって実績があれば、融資を受けにくい市況になったとしても、有利に働く可能性もあります。

長期的な視点に立って考えた場合でも、今は買い時といえるのです。

Q2 少子高齢化の中、不動産投資に明るい将来はあるのでしょうか？

日本は、残念ながら少子高齢化により、今後、どんどん人口が減っていくといわれています。これが賃貸経営に影響はないのかと不安を抱く方もいるでしょう。

年齢区分別将来人口推計

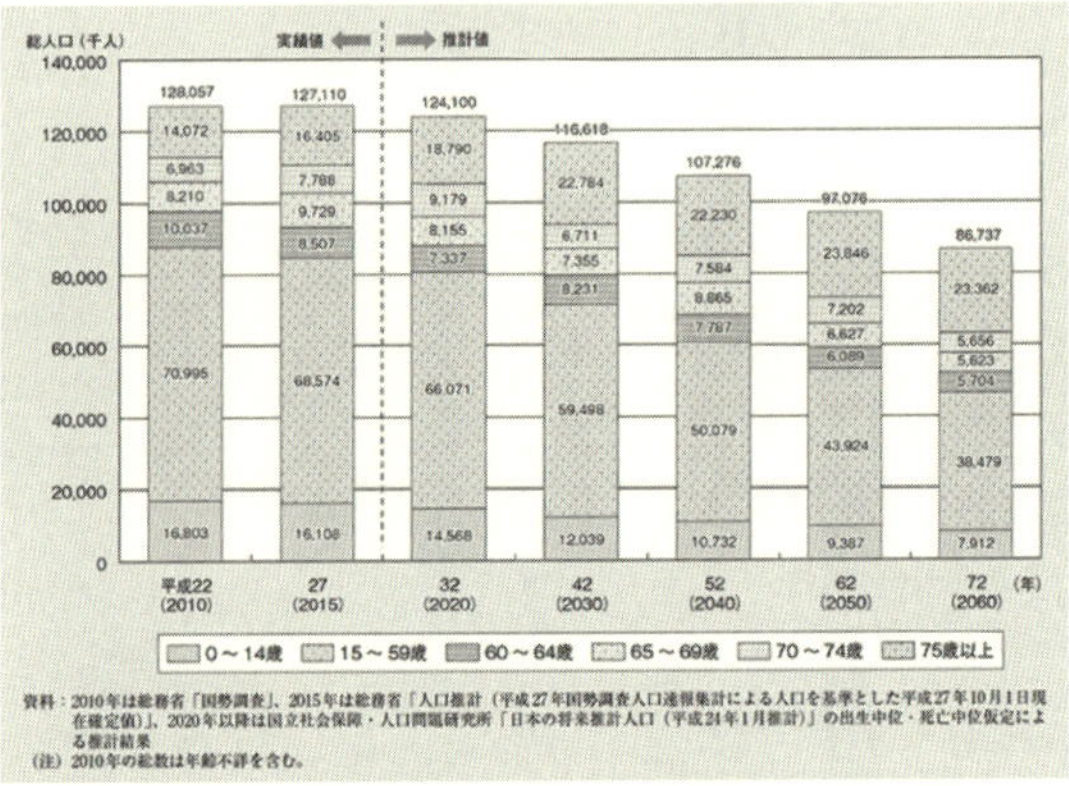

出典：内閣府「平成28年版高齢社会白書（全体版）」
http://www8.cao.go.jp/kourei/whitepaper/w-2016/html/zenbun/s1_1_1.html

私は、現在の日本経済の状況から考えて、人口減少については二極化が進むのではないかと思っています。

東京などの大都市圏エリアは、これからも人口の流入が続くでしょう。

その他、ここ数年、人口が増えているのは、福岡県や滋賀県といわれています。

とはいえ、では滋賀県ならどこでもいいのかと言うと、そうではありません。

そこにお住まいになっている方であればよくご存知だと思いますが、滋賀県でもこのエリアがいい、この地区なら大丈夫など地域も絞られてくるものです。

逆に長野県は、人口が減少していくため、一般的に融資を付けづらいエリアではあるのですが、一概に全ての地域がＮＧとは言えず、長野のこの駅のこのエリアであれば人が集まってくるので融資が付けやすいという場所もあるわけです。

そういった地方の高利回り物件を中心に買っている投資家もいらっしゃいます。

ですから、必ずしも地方だから悪いというわけではないですし、逆に東京の物件なら大丈夫ということでもないのです。

東京の物件でも、周辺近隣にライバル物件が多く競合状態が激しい地域だと賃貸経営はラクではありません。

競合に敗れて、賃貸事業から撤退される大家さんもいるのです。

結局のところ、不動産投資といえども事業ですので、どの地域なら成功するのかをしっかりリサーチし、賃貸経営のノウハウをしっかり学んで実践していかなければならないと考えます。

Q3 不動産市場はバブルというのは本当でしょうか?

昨年から「不動産市場はバブル状態で、いつ崩壊してもおかしくない」と、よく耳にするようになりました。

しかし皆さんに知っていただきたいのは、現在の不動産投資市場はあくまで「成熟期」であるということです。

マーケティング、組織論、カルチャーなどを語るうえで、発生から消滅までを"S字"で表すことがあります。

これを「成長のS字曲線」と呼びます(次ページ図参照)。

①導入期、②成長期、③成熟期、④衰退期の4つから構成されています。

私は現在、不動産投資市場のサイクルは「③成熟期」だと考えています。

導入期は努力にもかかわらず、なかなか市場が拡大しません。成長期はどんどん市

成功のS字曲線

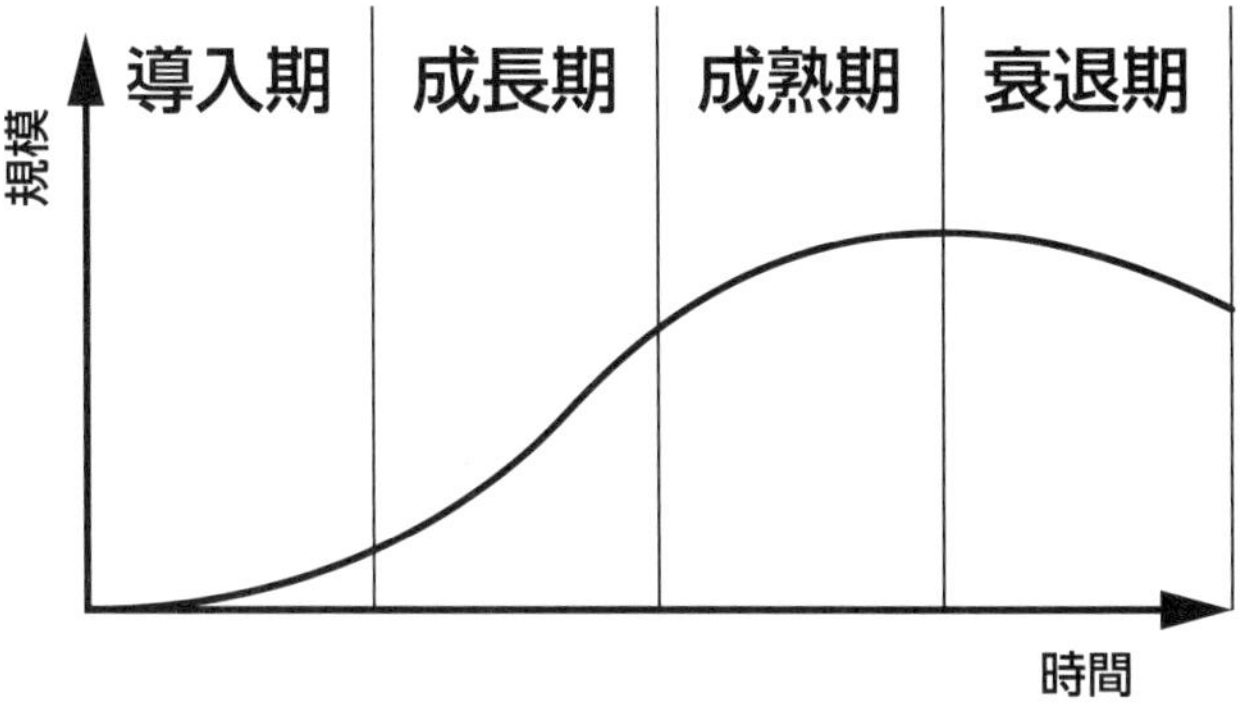

場が拡大するが競争が激しいときで、成熟期は市場がもう拡大しないとき、衰退期は市場が死滅していくときです。

不動産投資市場もこれまでのように成長期であれば、モノが不足しているので、つくれば売れるという状況でした。

アパートはなにも考えず建てても満室になります。貸し出す部屋がないため、募集すれば無条件で入居が決まるという、売り手市場の時代だったのです。

しかし、過去の「貸してやる」という成功体験から抜け出せないオーナーは、なかなか需要と供給に伴う市場変化にはついていけません。

これは逆に考えれば、人口減少同様、二極化が進行するということの裏返しでもあります。

つまり、物件が溢れる時代なので、消費者に選んでもらうために努力を惜しまなければ勝者になれるし、逆に何もしなければ敗者になるということなのです。

Q4 経営者が不動産投資をするのにふさわしいタイミングは？

理想を言えば、事業の利益が出ているとき、資金が溜まってきたときです。

そのお金を使うのではなく、自己資金が十分ある証拠として預金残高を見せてローンを引くのがベストな融資といえるでしょう。

経営をしていると、棚ぼた的に儲けが出るタイミングはあるはずです。

そのとき、よほどの大企業でない限り、収益の柱を一つでも増やしたいと思うでしょう。今はそれなりに稼げていても、5年後、10年後も同じように稼げるかはわからないからです。普通の事業と比較すると、不動産投資のほうがリスクに対する対策も一通りそろっているので、まだ先を見通せます。

また、不動産投資を始めるタイミングとして、社会情勢や政治政策、日本経済の発展・衰退など、その時代の経済的・社会的変化を捉えながら物件の相場などの情報収集をすることは欠かせません。物件の高値づかみは絶対に避けなければならないからです。ただ通常は、物件価格が下がり始めるのと反比例するかたちで、金利は上がり始めます。

現在は、歴史的な低金利が続いていて金融機関の融資も引きやすい状況ですので、物件の価格が多少上がっても買える人は買ったほうがいい、とされています。

しかしこれは逆に言うと、「金利が上がって金融機関が融資に消極的になったときは、自己資金を多く持っていないと買えない」ということの裏返しでもあります。

どちらが良いのかは一概に言えません。

だからこそ、ご自身の資産状況はもちろん、経営している会社の状況によって判断をする必要があるのです。

Column

資産ゼロのフリーターから、六本木で年商13億円の不動産会社社長になるまでの軌跡

たった1人ではじめた不動産会社『株式会社水戸大家さん』は、今では東京の六本木交差点に本社を置き、社員が50名に増えて、昨年の売上は13億5000万円を突破しました。累積で大台の1000億円の融資付を行い、年間約300億円以上の不動産売買を取り扱うまでの規模に成長しました。

しかし、その道のりは簡単ではありませんでした。このコラムでは、私が高校を卒業してから、現在までの16年間で、どのようにしてお金を増やし、ビジネスを構築したのかを紹介します。

前著『改訂新版 〝水戸大家〟式 本当にお金が稼げる不動産投資術』（ごま書房新社）をお読みになった方にはその後の顛末として、私のことをご存じない方には自己紹介代わりとして、参考にしていただけたらと思います。

本気になり、行動を続ければ、誰でも夢を叶えることができる、私自身はそう思っています。

私ははじめから起業家を目指していたわけではありません。もともと、小さい頃から、夢とか希望に縁のないタイプです。

ただ、「親元から離れたい」という気持ちがあったため、なんとなく「東京に出ようかな」という思いはありました。

貯金はその時点で200万円程度。子供の頃からのお年玉、家の商売を手伝って貯めた小遣い、休みにやった郵便局の配達やコンビニのレジ打ちのバイト代などを、ほとんど使わず取っておいたからです。

昔から、誰かに何かを強制されるのは嫌いだったものの、ダラダラと無駄な時間を過ごすのも苦手でした。そして、あまり裕福でなかったせいもあり、どうせ何かやるならと、お金が増えることをしてきました。

同世代の友人のような夢とか理想は持っていなかった私ですが、「お金」があればいつか夢ができた時にきっと有利になると感じていたからです。

そうして貯めたお金を持って、親にろくに相談もせず、

荷物をまとめて上京しました。

時給1000円で居酒屋のアルバイトをして、日銭を稼ぐ毎日。無駄遣いをしない性格だったのでこれで十分生活できましたが、この仕事を一生続けるわけにもいきません。

時間があると、新聞の求人欄やアルバイト情報誌を眺めていました。

19歳で社宅と食事つきの新聞配達員になる

東京はさすがに田舎の水戸と比べると、時給が高い仕事があります。しかし、その分だけ家賃も高く、1人暮らしをしようと思ったら、小さなワンルームでも5万円以上、まともに礼金と敷金を支払っていたら、引越しに30万円くらいは必要です。そんなムダなお金は支払いたくありません。

「そうだ、新聞配達なら、寮も食事もついている」そう思いついて、そのあたりで一番大きな事業所に、電話をかけました。

そして、すぐ東京都小平市にある新聞事業所の寮に引っ越しました。ちょうど18歳のときです。こうして私は社会人デビューしました。

新聞配達の世界は驚くべき世界でした。ギャンブル狂いの人、商売で失敗して借金のある人・・・年齢も経歴もバラバラです。

昨日まで一緒に働いていた人が、朝になったら行方不明で、どうも夜のうちに誰かに連れ去られたらしい・・・そんな怖い話もよく聞きました。

その事業所で契約のカリスマという人にも会いました。彼の本業は和歌山のミカン農家なのですが、ミカンがヒマな夏だけ助っ人として登場し、3カ月でなんと300万円稼ぐのです。

カリスマはやはり常人の仕事の仕方ではありませんでした。彼は、「クレームがあったところを案内して」と言い、クセのある客ばかりを重点的にまわります。すると、相手は当然怒っていて文句を言うのですが、それを黙って最後まで聞きます。

文句のシャワーを浴びて謝罪したあとで「今回だけお願いします」とひと言。すると不思議なことにすんなり契約が取れるのです。

クレームのあった家は他の勧誘員が避けるので、そこが狙い目だったのでしょう。このカリスマの「人のやらない隙間ビジネスを探す」というやり方は、その後の私のビジネスの参考になりました。

新聞配達の世界では他にもいろいろな学びがあり充実していました。

ただ、雨の日の配達だけは逃げ出したくなるほどつらかったです。カッパを着ても雨は身体に染みて下着までビショ濡れです。

視界や路面の状態も悪く、バイクで転倒した時には、水たまりに新聞が投げ出されました。車が通ったら終わりなので、転んで痛めた手足を擦る暇もなく、それを必死に掻き集めて積みなおしていると、痛さと惨めさで涙が溢れました。今でも雨の日の新聞配達員を見ると蘇って来る苦い記憶です。

結局、この新聞配達の仕事は2年間続けました。退職時、銀行口座に貯まっていたお金は600万円となっていました。

その後、不動産投資家を経て、不動産会社を経営する私は、投資家向けに無料面談を定期的に行っていますが、皆さんから「どうやってお金を貯めるのですか?」という質問をよく受けます。

私からすれば、答えは簡単。「ただ使わなければよい」のです。

厳しいことを言うようですが、節約してお金を貯めることができない人は、不動産投資で成功することは難しいと思います。

水戸に戻り、運命の一冊に出会う

20歳のときに、両親の希望で田舎に戻りました。東京での充実した生活の後、家業を手伝いながらの平凡な毎日は、苦痛でしかありません。

そんな日常に転機が訪れました。ロバートキヨサキの『金持ち父さん　貧乏父さん』が出版されたのです。

当時、ベストセラーとなり、テレビのワイドショーなどでもよく取り上げられていました。

「ハイリスク・ハイリターンで素人には向かない」などとコメンテーターが発言しているのを見て、「あまり自分には関係ないかな」と思いながらも、古本屋で見つけたので読んでみることにしました。

実際に読みはじめてみると、すぐに引き込まれ、夢中で本を読んでいる途中にはもう、「30歳までに投資家として成功して、セミリタイヤする」と決意していました。

その時、21歳。私が人生で初めて、未来への明確な目標を立てた瞬間かもしれません。

セミリタイヤに向けてまず始めたのは、アルバイトです。

それまでは一日中、家業を手伝っていましたが、不動産の頭金を作るために週6回、8時間ずつスポーツクラブのインストラクターとして働くことにしました。

同時に、本の中で「株か不動産か権利収入がいい」と書かれていたので、自分にもできそうな株の勉強を始めました。

当時、本屋に並んでいた株の本はほとんど読んだと思います。貯金はありましたが、フリーターだし、いきなり勝負に出たら失敗すると思い、慎重さを心がけました。

株に限らず、全財産のうちの一部を、できるだけリスクの少ない方法で少しずつ増やす、というのが平凡ですが投資の原則だと思っています。

その後は、新聞の見出しから、動きを予想する戦法が当たりました。

「学校週休2日制」の記事が出た際は、「休みが増えれば、親たちは子供を予備校に通わせるはず」と、予備校株を購入し、3ヶ月で倍になりました。

ただ、株での投資は早々と手を引きました。私が株を始めたのは2001年の9・11事件で下がりきったあとだったので、勝ち逃げ出来ました。

その後、ライブドアショック、リーマンショックなどが起こりました。株はどんなに勉強しても、すべてのアクシデントを予想することは、絶対にできないと実感しました。

やはり株は資産を一気に失うリスクがあります。これからはじめる方には慎重に、とアドバイスをしたいと思います。

不動産投資の勉強をスタート

この時、23歳。アルバイト代にはまったく手をつけなかったため、貯金は800万円に増えていました。

その頃の私は、夜はパソコンで為替を眺めながら、昼間はスポーツクラブでマジメに働くという日常でしたが、不動産投資のための時間を作りたくて、忙しすぎる職場を退職することにしました。

スーツを着て働ける仕事で、すぐ思いついたのが不動産関係でした。

「不動産投資でセミリタイヤをする」と決めていたので、どうせなら、働きながら不動産のことを勉強できる職場がいいと思ったのです。

少しして、求人誌で見つけたハウスメーカーへの入社が決まりました。担当したのは住宅展示場で来場者にアンケートをとり、そこから個別に営業をかけながら、住宅を売る仕事です。

客を追いかけるスタイルが性に合わず、住宅情報をダイレクトメールにして見込み客に送り、問合せをくれた方に家を売るという方法で、成約を取りました。

このダイレクトメールは、よくある売り込みの内容ではなく、お客さんの役に立ちそうな住宅豆知識などを冊子にしたものです。

もともと文章を書くのは苦手でしたが、苦労して作ったダイレクトメールを見た人から見学会の申込みが入ると、嬉しくてやる気が出ました。

見込み客に対して情報を流し、そこから売上につなげるという意味では、今のメールマガジンの原型といえるかもしれません。

この会社の基本給は15万円で、契約を取った月は35万円くらいになりました。でも、毎日18時間働いて休みもなかったので、時給に換算したら数百円程度だったと思います。

こうして23歳から25歳まで2年間ハウスメーカーに勤めました。

収益物件を買うために有利な知識や情報が欲しくて就職したのに、実際は「売るスキル」と「買うスキル」はまったく違うもので、ここで長く働いても今後始める不動産投資の役に立つとは思えなかったのです。

職場に張り付いていて物件を見に行く時間も取れなかったので、「このままでは次のステージに進めない」という危機感から、退職を決めました。

忙しすぎてお金を使う時間がなく、貯金は大台の1000万円を超えました。

ちなみに、このハウスメーカーは数年前に倒産しています。

振り返って思うのが、社員総出で休日出勤をしても、お客さんを必死で追いかけても、利益には結びつかないということです。時代の波を読めないビジネスには、いずれ終わりが来るのだと思います。

とにかく忙しい職場で、大変な思い出ばかりですが、ビジネスの基本である営業をしっかり学べたという意味では、いい人生経験になりました。

劣悪な環境の工場勤めで上司に本気で殴られる

ハウスメーカーを退職後は、水戸市の職業安定所で見つけた工場に転職しました。

大手メーカーの下請けで、エレベーターの部品を塗装する単純労働。冬は手がかじかみ、夏は脱水症状になる、そんな職場でした。

給料も年収280万円程度で、毎月の手取りはたったの20万円ほど。さらに、当時のサブプライムショックで景気が悪化した年は、年収が240万円まで下がりました。

前職より収入は減り、職場環境も良くありませんでしたが、定時できっちり終わって、不動産投資のための読書や勉強の時間がとれるのが、この仕事を選んだ理由です。

ロボットのように朝から晩まで働く日々。ある日のこと、仕事中に突然、上司に殴られました。

勤務時間中にふざけていた自分が悪いのですが、パワハラなんて言葉では言い尽くせないほど、思いきり殴られてボコボコにされました。

その時は本気で殺されるかもしれない・・・と恐怖を覚えたほどです。

あまりにも酷い殴られ方をしたので、会社が終わった後に、警察に行きました。その時の警察から「傷害罪で起訴できます」と言われるほど、酷い状況でした。

でも、起訴なんてできませんでした。なぜかと言うと、会社の上司を傷害罪で訴えたら会社を辞めさせられてしまうからです。

そして、実際その後どうなったかと言うと、会社側は、ボコボコに殴った上司の方をかばい、傷害罪レベルまで殴られた私を悪人扱いしたのです。

悪人扱いされた私は、さすがに我慢できなくなり、本気で会社を辞めようと考えました。

420万円のワンルームマンションで不動産投資開始

実はこの工場に入ってからすぐ、念願だった不動産投資家デビューを果たしていました。表面利回り11％のマンションのワンルームを420万円で購入したのです。そのとき、25歳でした。

借金は嫌いなので全額現金払い。人生で一番の大金を使った時は、不安というよりすがすがしかったです。まあ、借り手がなければ自分で住めばいいやと覚悟を決めたからです。

しかし、小さい頃から一所懸命に貯めた貯金が減るとさすがに不安になりました。そこで、補填として半年ほど漫画喫茶でアルバイトをすることにしました。工場の仕事の後のダブルワークで月5万円～10万円を稼ぎました。

思えば、これができたのも工場の定時出勤、定時退社のシステムのおかげです。そう考えると、上司に殴られはしましたが、あの工場にも感謝をしなければならないのかなと思います。

当時、レオパレスで一人暮らしをしていたのですが、その漫画喫茶には飲食のサービスもあり、夕食を自分で作って食費を浮かせていました。ダブルワークはハードでしたが、ハウスメーカーの頃に比べればたいしたことはありません。漫画喫茶でのアルバイトは意外と楽しく半年くらい勤めました。

その後、2件目の物件として自宅用に3LDKのマンションを購入しました。価格は630万円で現金買いです。不動産業者と親しくなり、バルクで持っていた投資家の持ち物を表に出る前の格安な価格で手に入れることが出来ました。

27歳で、宅建（宅地建物取引士、当時は宅地建物取引主任者）の試験に合格。参考書を20回くらいじっくり読み、一発で通りました。

正直な話、不動産の世界には相手の足元を見てズルをするような輩がゴロゴロいます。

こちらが素人なのか、そうでないのかによって、対応も変わってきます。「宅地建物取引主任者資格者」と書かれた名刺を渡したときの業者の対応を見ても、資格は強力な武器となることを感じました。

地域限定・超高利回り投資法をスタート

この頃、藤山勇司さん、加藤ひろゆきさん、山田里志さんといった当時人気だったサラリーマン大家さんの本を読み、不動産投資で利回り10％どころか、30％、50％が得られるやり方があることを知りました。

「失敗した！　もっと勉強してからやるんだった・・・」

そのときのショックは相当なものでした。今ならわかりますが、地方で利回り10％程度の物件を現金で買っても、セミリタイヤという目標には届きません。現金で10戸買えれば可能かもしれませんが、そのためにはかなりの資金が必要です。

そんな失敗をした私は、成功の秘訣として、「なんにせよ初めての時は、素直に成功者のマネをすること」が大切だと気付きました。

早速、売り出し価格に大幅な指値を入れる加藤ひろゆきさんのやり方をマネしてみることにしました。

そして2008年2月、400万円で売り出されていた2戸一括売りの中古戸建てを200万円（利回り48％）で購入。

同年4月には、2DK×6戸のアパートを1300万円（利回り22％）で手に入れました。現金が足りなかったので、アパートの購入費用は地元の信用金庫から借りました。

それまですべて現金買いだったので、自分にとっては初の借金です。借金にはいいイメージがありませんでしたが、自己資金0で買えて、返済後のキャッシュフローが14万円入ってくるという体験をして、「安く買えてキャッシュフローが潤沢に出るなら、借金もアリだな」と思うようになりました。

不動産投資では、銀行のローンを使って少ない自己資金で多くの家賃収入を得ることを「レバレッジを利かせる」といいます。この原理はよく「てこの原理」と例えられます。

例えば、500万円の現金で500万円の戸建てを買った場合、利回り10％なら家賃収入は5万円です。

一方、500万円の現金を頭金にして銀行から4500万円の融資を受け、5000万円のアパートを買った場合、利回り10％なら毎月の家賃収入は50万円になります。

レバレッジをうまく使えば、セミリタイヤへのスピードが加速します。超高利回りの物件を自己資金を抑えて買うことができれば、1年もしないでセミリタイヤすることだって可能でしょう。

ただし、借金はリスクにもなります。ですから、毎月の返済比率を抑えて、ゆとりを持って返せる物件を選ぶことが大切です。

利回り70％のソシアルビルを買い、28歳で専業大家に

2009年9月、セミリタイヤへの大きなステップとなる一棟と出会いました。

14戸のテナントが入る全空の鉄骨造4階建てのソシアルビル。ソシアルビルとはスナックやバー、居酒屋など、水商売系の職種が営業するビルです。

立地も水戸の中では一番の繁華街で申し分がありません。当初5000万円台で売られていたものを運良く半額以下で手に入れました。

ソシアルビルは、住居とちがい、特殊な世界の人たちと関わらざるを得ない場面が必ず出てきます。実は、契約の過程でだまされて悔しい思いをしたこともありました。

しかし、「なんとしてでもこの物件は手に入れたい」という思いがあったため、失敗にとらわれず、購入できる道をなんとか探りました。そして、資金を知人から借り入れ、とうとうこのビルを煩雑な手順をひとつひとつクリアし、

自分のものにしたのです。

満室時の利回りは70％。全部埋めれば家賃収入は月に100万円以上です。

この時、「会社勤めを続けるより物件にエネルギーを注ぐ方が効率的だな」と考え、この年の10月、ついに私はサラリーマン生活に別れを告げました。あと1週間で29歳になるという時でした。

28歳で退職したのは「少しでも若いうちにセミリタイヤしたほうが、多くの時間をビジネスに使えて成功しやすい」と思ったからです。

給料という定期収入はなくなるものの、すでに所有する4物件からのキャッシュフローが月36万円と、これからお話するネットビジネスからの収入もあったので、不安はなかったです。

その後、このソシアルビルは売却しました。年間の家賃収入は悪くても600万円で、満室で850万円。4年間保有しまして3000万円で地元の投資家に購入いただきました。

購入した費用は保有時の家賃収入で回収していましたから、売却はそのまま儲けになります。むしろ税金が大変なくらいでした。

私を専業大家にしてくれた、この投資は大成功でした。

発行から1年でメルマガからの収入が300万円を超える

私は、当時不動産からの収入以外にも、もうひとつ大きな収入の柱がありました。それが、2008年の終わりから始めたインターネットビジネスです。

私の場合、ある程度の貯金があり、インターネットビジネス自体を知らなかったため、自然と不動産投資を先に始めました。このビジネスに出会ったときは給料も家賃収入もあったので、「少し稼げればいい」という軽い気持ちでスタートし、最初はブログでアマゾンのアフィリエイトをして、月に3000円の利益を得て喜ぶといったレベルでした。

しかし、そのうち「もっと稼げる方法はないだろうか」と、インターネットビジネスに関する書籍や教材を買って読んでいくうち、年に1億以上稼いでいる人がいることがわかり、衝撃を受けました。

不動産投資と一緒ですぐにネット界の第一人者である川島和正さんの真似を始めました。

そして、自分の見解の正しさに自信がわき、さらに大きな収入を視野に捉え、がぜんやる気が出ました。

最初、130人しか購読者がいなかったメルマガは、スタートから11カ月で3万8000部を超え、まぐまぐの不動産投資部門で第1位にまで成長させました。その秘密はいくつかありますが、広告費を出し惜しみしなかったことにあるかと思います。メルマガを多くの方に読んでもらい、そこからビジネスへと繋げなければ意味はありません。ですので、私は売上をストックせず、ほぼ全額を読者募集のための広告費に費やしました。

当時、アフィリエイト収入や、他のメルマガからの掲載依頼（広告収入）が増加し、集計すると毎月のインターネットビジネスの収入は約30万円以上になっていました。それを全額投入し続けていくことには勇気がいりましたが、損して得取れの投資の精神で継続していきました。

この後、2010年に初めての著作『30歳までに給料以外で月収100万を稼ぎ出す方法』（ごま書房新社）を出版しました。それから信じられない加速度で、ネットビジネスの収益が激増しました。

ある月は月間のインターネットビジネスからの売り上げが500万円近くになりましたが、それも迷わず全額広告費へ投入しました。

「もったいない」という人が多かったですが、私のゴールは先にありましたのでなんとも思いませんでした。このビジネススタイルこそ私の原点であり、いまの成功の礎だと思っています。

宅建業者になってすぐに大震災で水戸を離れることに

2010年11月には大きな変化が訪れました。昔とった宅建の資格を生かして、宅建業者になることを決めたのです。

動機は、他の人にも「もっと不動産投資で儲けてもらいたいと思ったから」です。早速、法的な手続きなど、具体的な準備を始めました。

不動産は1軒仲介すると100万、200万円といった大きなお金が入ります。これが、毎月2つ、3つと続きます。

私の紹介した物件が一棟目という方も少なくありません。責任を感じると同時に、とてもやりがいがある仕事です。

「よし、この調子でがんばるぞ」と張り切っていた矢先の2011年の3月、東日本大震災が起こりました。

自宅のあった水戸市は、震度5強が直撃、電気も水道も電話すらも使えなくなる大惨事でした。

当時仕事で必須だったパソコンの充電すらままならない

状況です。私は所有物件の状態の確認もままならぬ中、家族を連れて車で西へ、西へと移動し、最終的に熊本に拠点を移しました。

幸い、所有する物件には大きな被害もなく、家賃収入はどこにいても毎月、きちんと指定の口座に入金されてきました。こんなときにでも継続的に収入があることのありがたさを身を持って知った瞬間でした。その後は、ホテルを転々としながら、これからどうしようと考えていました。

大家さんを始めようと思っている方、不動産投資がうまくいかない方への無料面談も当時から行っていました。時間もあったことにより、これを熊本や博多、九州などでも続けていました。

すると、新しい発見がありました。今までは関東近郊がメインだったのですが、実は全国にも多くの困っている大家さんがいることを知りました。

そうこうするうちに面談の数も増え、いつまでも根なし草では落ち着かないと思い、オフィスを構えることにしました。

どこにしようか場所をいろいろ検討する中で、六本木が候補にあがりました。

そして、2011年の暮れに六本木の小さな雑居ビルで、『株式会社水戸大家さん』が再スタートしました。

当時は自分の家は借りられなくて、2週間程事務所で寝泊まりしていました。

先行きがまったくわからない中、自分の力を信じて無我夢中で働きました。その時も家賃収入は私を助けてくれました。

幸いなことに仕事はたくさん入りました。

一人だけの会社です。さほど経費はかかりませんでしたが、仕事が増えて人手が足りず社員を募集します。

翌年の2012年は5人まで増やしましたが、うまく行きませんでした。人が定着しないのです。実はその時、経験不問で初心者ばかりを雇っていたのです。

初心者には一から教えなくてはいけません。私は目先の仕事に追われ、社員教育まで手がまわらなかったのです。

雇った社員が次々に辞めた時は、絶体絶命のピンチでした。売り上げが上がらないどころか、赤字に落ち込みました。

「六本木から退散しようか」と一度は覚悟を決めました。いよいよ資金繰りに困ったあげく、物件の売却もしました。社員と会社のためにお宝物件をあえて手放したのです。はじめて融資を引いて購入した利回り22%1300万円のアパートを1750万円で売却したのです。

高く売れて助かりましたが、4年保有してその間ずっと満室で回っていた高利回りアパートです。

その物件だけで家賃収入が年間300万円程度ありましたから、手放すのは経営者としての苦渋の決断でした。

そうして、なんとか持ちこたえることができました。

赤字からのV字回復、その秘密は・・・

その後、「なんとかうまく会社を立て直す方法はないだろうか?」と必死で考えました。

初心者の社員で失敗したので、方向転換して不動産売買のプロを中心に雇うようにしたらどうかと考えました。

私は経営者の経験がなかったので、社員はつい「自分が使いやすい人」という視点で初心者を選んでいました。

しかし、投資家から見れば、経験豊富なプロに頼みたいと思うのは自然な感覚でしょう。

いま一度、投資家の気持ちに立ち返り、社員の募集をしました。

私の目論みは見事当たりました。キャリアのあるベテランが入社して、その結果、どんどん業績が上がるようになりました。それが2012年の秋から冬にかけてです。

2012年の年商は6000万円ほどでしたが、翌年には同じ4、5人で1億5000万円。3倍になりました。

そして、2014年1月に、業務を拡大させるために、立地も最高な六本木交差点、しかもアマンドが1Fにある超有名なビルにオフィスを移転します。まずワンフロア借りて、手狭になったためさらにもうワンフロアを増やしました。

正直、六本木の一等地にあるオフィスを借りるのは大変です。保証金も高いですし会社をしっかり見られます。

当社の場合は、会社の信用ではなく同業種がすでに入居しているということで断られていましたが、様々なツテを使って借りることができました。

そうして、社員が1人増え、2人増え、気づけば社員は50名まで増えていました。

TVレギュラー出演、日経新聞全面インタビュー。体験することでわかったハイレベルな世界

2016年4月から2017年3月まで、私はTOKYO MXのテレビ番組に毎週レギュラー出演していました。もちろんタレントでもない、一般の不動産会社経営者の私で

すのでスポンサー枠でした。

合計52週、台本も覚えなくてはならない、収録も毎回かなりの時間がかかり、正直かなりの労力でした。

TVレギュラー出演中は、「峯島さんは何でテレビに出ているの?」「リターンはあるの?」とよく聞かれました。

もちろん、こういった質問の内容は出演前に散々考えました。最初に話が来た時「イヤイヤテレビなんて・・・」としり込みしましたが、冷静になってみるとどう考えても価値はあると思ったからこその決断でした。

これは会社の宣伝も兼ねた経営者の仕事はもちろん、経営者として大きく成長できる、まだ知らないレベルの世界の学びを得られるからだと思ったからです。

その結果として、会社も大きく業績を伸ばせるのであれば断る理由はありませんでした。

日経新聞からの打診があり、紙面の全面を使ったインタビューへも同時期にチャレンジしました。この年齢でおこなう経営者は少ないかと思います。ネット全盛時代においても、企業レベルではまだまだビジネス情報の最前線である日経新聞に出ることは以前からの夢でもありました。

いざ、TV出演をしてみたところ想像以上に刺激を受けました。その番組では毎週ビジネスや投資で稼いでいる経営者をゲストとして迎える構成でした。

あらゆる業界のトップクラスで稼いでいる経営者さんがいっぱい出てくれるのです。それはまさに儲けの知識の宝庫でした。

収録中はもちろん、撮影待ちの短い時間だけでも私はたくさんのことを学びました。そこにはどんな本にも書いていない、どんなセミナーでも話してくれない驚愕の儲けの真実の話がたくさんあり、正直ただうなずくだけで精いっぱいの時もありました。

特にある社長の一言が印象的でした。

「峯島さん、社長はなるべく働かない方が会社は儲かるよー」って言うのです。

最初、失礼ながら「何をいっているんだこの方は?」と思いました。今まで起業家時代から経営者はいつも人一倍働いていました。社長は働いてなんぼだと思っていたんです。

しかし、その方が言うには、「社長が出ていって、もし何か社長にあったらどうなんの?」

ということでした。つまり、万が一倒れたり事故にでも遭ったりしたら、会社は成立しなくなってしまうということです。

その話を聞いてからは、もちろん仕事はしますが、自分がいなくても回る仕組みをつくりたいと考えるようになりました。ですので、私の今の仕事は、会社全体の血の循環を巡らせる役割、つまり、社員の人材教育であったりとか、経営戦略のほうに向けています。

そして、それまでほぼ全てに応対させていただいていいた面談の数を極力減らしました。これも経営者自らがこなすより、私と同じ考え、手法を知っている営業マンに任せるべきだと判断したからです。

元サラリーマン大家としては、直接投資家さんやサラリーマンの方と話す機会が減ったのは非常に残念ですが、経営者の仕事としてはその時間でより良い物件情報の取得や銀行融資への道筋をつくるほうが大事だと思います。

その結果、当社に面談に来て下さる皆さんの不動産投資成功に繋がると思って割り切ることにしました。

また、セミナーにも積極的になりました。これも面談と同じく営業マンに任せることにより、より多くの地域や回数をおこなえるからです。今では六本木の事務所を中心に全国で年間300回近く当社のセミナーをおこなえるようになりました。


当社自身が各地に足を運ぶことにより、わざわざ東京に出てこられない方への最新不動産知識や、地元以外のより多くの物件選択の機会をつくっているのではないかと思います。

ナンバーワン営業マンの退社が、さらなる業績拡大へのきっかけに

六本木の会社が本格稼働し、2014年が4億5000万円、2015年が6億6000万円、2016年が13億5000万円と順調に業績をあげていきました。

順風満帆な当社でしたが、ここで大きな衝撃的な出来事が起こりました。それはナンバーワン営業マンの離脱・・・です。

彼は六本木の会社がまだ数名だった頃の戦友でした。なかなか業績が上がらない時は一緒に朝まで飲みに行き、散々言い合ったこともあります。そして、私は彼を全面的に信用していましたし、彼も会社をわがことのように考えてくれていたと思います。

彼はどんどん売り上げを上げていき、それに比例して業績もうなぎ上りとなりました。そして、当社を支える不動のナンバーワン営業マンになり、多くの顧客にも信頼され

ていきました。

しかし、いつの時代も順調な時は長く続きません。ある日彼は私の前でこうつぶやきました。

「社長、実は独立を考えています」

私は、軽い立ちくらみが起こるほどの衝撃をうけました。そんな・・・なんで・・・。怒りと戸惑いと寂しさが合わさったような複雑な感情が頭をグルグル回ります。


あまりにショックだったので、ふらふらと会社を出て、気づくとなぜか少し離れた公園に来ていました。そして、ベンチに座り、缶コーヒーを飲みながら冷静に考えました。

「そうか、自分も自身の力を試したいという気持ちではじめた会社だ。彼も同じ気持ちなのだろう。それなら晴れの門出を祝ってあげる場面じゃないか」

そう思うと、すぐに気持ちが切り替わりました。そして、同時に彼がいなくなった時の会社の新しい経営戦略を考え始めたのでした。そこには大きな賭けと決断がありました。（どんな経営戦略、社内革新の手段をとったのかは2章のコラムでお話しています）

この経営戦略がみごとに的中しました。予想以上の結果に驚くほどです。

そして、ナンバーワン営業マンの彼を気持ちよく見送った後、当社の業績はナンバーワン営業マンがいなくなる前の業績まで回復しました。これからもっと伸びていきそうです。

創業当時は一人でしたから、1億円売り上げれば十分すぎると考えていました。それが今では月に1億円以上、売上げられるようになったということです。

このままいけば、２０１７年度決算時の業績は昨年よりははるかに上がるでしょう。


平穏なことは確かに居心地のよいことですが、その結果は良くて堅調、ほとんどが停滞し、やがて衰退へと向かうことは、最近ニュースになっている日本を代表する大企業でも起こっていることが実証しています。

これから伸びる企業は、経営者が常に革新を望み挑戦を続けないと時代に飲み込まれるのではないでしょうか。きっかけは突然でしたが、新しいことに挑戦することで、会社も経営者自身も大きく成長できることを身をもって学びました。

第2章

不動産投資の儲けの仕組みとは

Q5 経営者でも不動産投資はできますか？

もちろん、経営者の方でも不動産投資を始めることができます。不動産投資をして収入をさらに増やすことで、ただでさえ収入が多い経営者がより大きな富を得ることができるのです。

私が知る限りですが、経営者の方には仕事が好きで熱中している人が多いので、サラリーマンと違って「少しでも早くリタイアしたい！」と思っている人は少ない印象です。

しかし、いつでも引退できる状況になることは、大きな精神的余裕を生みますし、もし仮に病気やケガなどでリタイアを余儀なくされる状況になったとしても、経済的な心配はほとんどなくなります。

不動産投資は、節税と運用を同時にできる富裕層の資産運用の定番です。詳しくは

レバレッジを利かせた場合の比較例

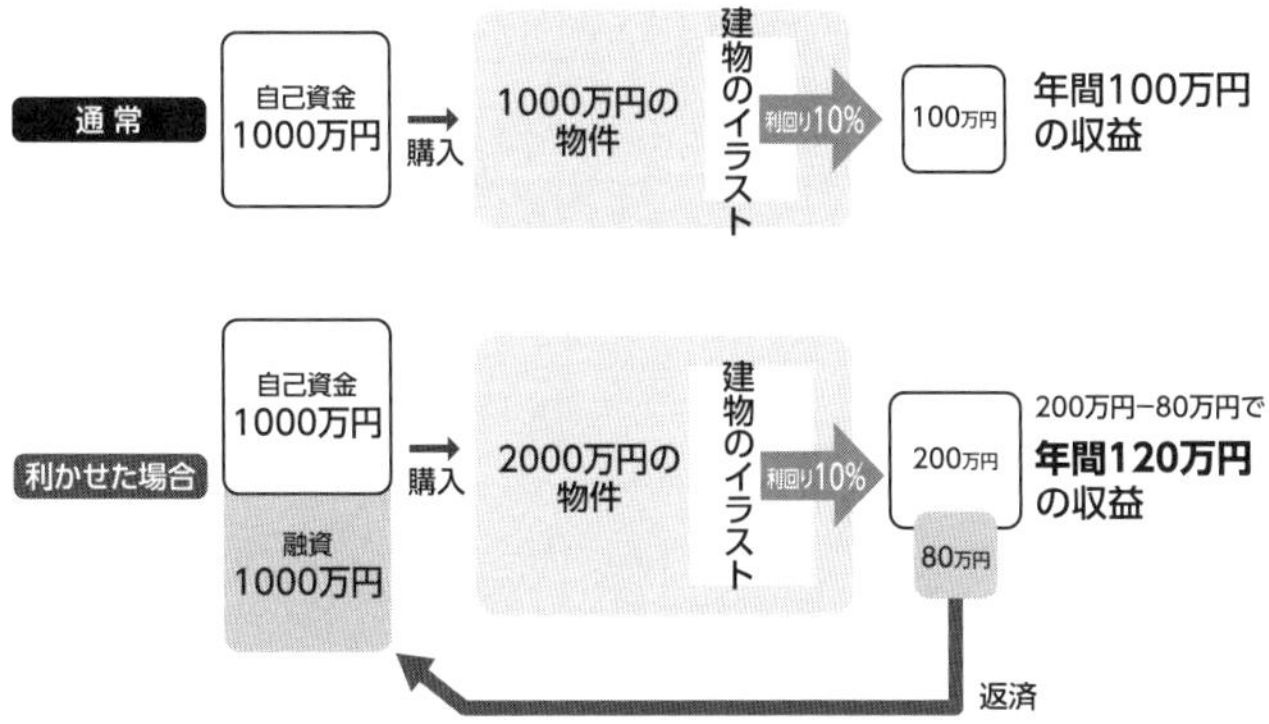

後述しますが、節税効果と合わせて資産を効率よく増やすことができるのです。

ただ、経営者の方が不動産投資を始める最低ラインとして〝ある条件〟を満たす必要があります。それは、「経営している会社が黒字であること」です。

そもそも不動産投資における最大の強みは、ローンを組んでレバレッジを効かせられることです。

レバレッジとは〝テコの原理〟のことで、「金融機関からの借り入れを利用し、自己資金の何倍もの大きな投資を行うこと」を指します（上の図参照）。

例えば、1億円の物件を現金一括で購入

できる人は多くないと思いますが、レバレッジを効かせる（金融機関から融資を受ける）ことで、自己資金をほとんど使わず1億円の物件を購入できるケースもあります。つまり、レバレッジを効かせて資産を拡大できることが、不動産投資の大きなメリットなのです。

とはいえ、金融機関がお金を貸す背景には、借りる人の返済能力が十分であるということが前提条件としてあります。

ですから、貸そうと思っている人が経営している会社が赤字だったら、当然融資は渋られます。貸し倒れになったり、リスケを求められたりするリスクが高まるからです。

Q6 「真の利回り」とは何ですか？

不動産投資家のあいだで、よく飛び交う言葉として「利回り」があります。

この利回りとは、もともと銀行の預金や国債などの債券でもよく使われる言葉です。

投資した元本に対して毎年得ることのできる利息を指しますが、不動産投資家の間でも利回りという言葉が用いられています。

不動産投資の場合の利回りは、投資した元本に対して、毎年得られる家賃収入を利息と見立てて、何%ぐらいの利益を生み出しているのかを表す指標になります。

この利回りによって、何%の利益を毎年生み出しているのかを物件同士で比較することができるのです。

不動産情報には、不動産の売却価格が示されています。しかし、この売却価格だけでは、どの収益物件を買えば投資効率がよいのかがわからないので、利回り（表面利回りが多い）が表示されることによって、どの物件の投資効率が優れているのかがわかるのです。

表面利回り＝満室時の年間家賃収入 ÷ 物件の購入価格 ×１００

ただし、不動産投資の場合の利回りは、銀行預金の利回りや国債の利回りのようにシンプルではありません。毎年手にできる家賃収入は、空室がどれだけ出たかによって変わる、つまり一定ではなく毎年変化するからです。

加えて、先ほどもお話ししたように、収益物件を維持していくためには、管理費や清掃費用や固定資産税など、維持費用が毎年のように生じます。したがって、これらの費用を得られる家賃収入から差し引く必要があります。

また5年後、あるいは10年後にかかると予想できる外壁塗装や屋上防水など多額の修繕費も考慮しておかないと、真の利回り（実利回り）を導き出すことはできません。

利回りにもいくつかの考え方や表記があることを知っておいてください。

実利回り＝（満室時の年間家賃収入 − 経費）÷ 物件の購入価格 × 100

Q7 どれくらいの利回りがあれば及第点でしょうか？

では、現在の不動産市況の中で、収益物件の利回りはどれくらいなのでしょうか？

現在の不動産市況は非常に活況で、そのため売買価格も上昇しています。

この状況で、私の感覚でおおまかに言わせてもらえば、利回りよりもイールドギャップが重要だと考えています。そして、そのイールドギャップ（表面利回り－調達金利）は6％以上が理想的です。

イールドギャップについてはすでに解説しましたが、不動産投資における利回りと、銀行からの借入金利の差を指します。

例えば、利回り6％の物件であっても、6％で資金調達をした場合、差し引きのイールドギャップはゼロとなります。

現在、高属性のお客様であれば、0・6～0・8％という超低金利で銀行から資金調達ができます。そのようなお客様であれば利回り6%の物件を買った場合、6%－0・6%＝5・4%のイールドギャップを手に入れることになるわけです。

現状は史上最低の金利となっていて、イールドギャップも過去最高ですので、現在が最も有利な不動産投資を行える環境にあるといえます。

もちろん、物件が東京にあるのか地方にあるのかで、利回りはかなり異なります。東京など大都市の物件は人気が高いので、利回りは低くなります。反対に地方、または田舎にあるような物件は空室リスクが高いため人気が低く、利回りがある程度高くなければ売れない状況です。

「利回りが低くても東京の物件がほしい！」と言われるお客様もたくさんいらっしゃいますが、銀行から借入して物件を購入するとなると、当然金利を支払わなければいけませんし、毎月、元本も返済していく必要があります。

ですから、借入金利にもよりますが、現在地方銀行でも1%代で融資が引けることを考えても、最低で7%ぐらいの利回りがないと難しいのではないかと思います。

Q8

利回り以外に重要な指標はありますか?

利回り以外に知っておきたい指標を挙げるならば、返済比率です。理想をいえば返済比率は50%程度に抑えておきたいですが、案件によっては60%を超えてしまうケースもあります。

ここが判断に迷うところですが、物件によってはスピードを持って購入しなくてはいけないという場合も珍しくありません。物件次第にはなりますが返済比率が60%を超えても買いにいかなければいけないこともあります。

かつて返済比率50%どころか40%で買えていた時代もありました。しかし、それは不動産投資に参入する人が少なく、物件価格が今よりずっと低かった時代の話です。「〜〜でなければ、いけない」という理想を求める人も多いですが、私は理想の基準に近い場合は「買付を入れてみる」べきだと考えます。

返済比率は大切な指標ですので、金利条件と購入時の利回りを確認して、常に把握することは大事です。

その上で、できれば50％に抑えて・・・というのが理想ですが、その目標を実現するのは現状では難しいため、購入してしばらくキャッシュフローを貯めて繰上げ返済をするというのも一つのやり方でしょう。

物件を増やしたいのであれば、現金は手元に置いておくべきですし、安定経営を目指すのであれば、繰上げ返済をして返済比率を下げます。

それは、それぞれ投資家の戦略次第です。

Q9 不動産投資はどうやって勉強したら良いでしょうか？

書店に行けば、不動産投資に関する本が数多く出版されています。その著者によって、様々な不動産投資のノウハウがありますので、ぜひ参考にしてください。

ただし、特定のカリスマ投資家の本ばかりに偏るのはお勧めしません。彼らは一般の人ができないことができるからこそ大きく成功して、「カリスマ」と呼ばれる存在になっています。投資はその時々の市況で大きく変わりますから、安易にマネをすると失敗をすることもあります。

コツコツと努力を積み重ねていくと、一流の魚屋さんのように、魚を見ただけで、この魚はおいしいのか、まずいのかを見分けられるようになるはずです。

日頃からご自身の事業を切り盛りされている経営者の方々であれば、それは可能なはずです。そして、不動産に関するスキルが身に付きましたら、あとは、経験豊富で実力があって信頼のできる不動産業者と営業マンを選んでください。これが、不動産投資に成功する秘訣です。

Q10 経営者が不動産投資を行う際のリスクはありますか？

いくつかリスクはありますが、私は「流動性の低さ」が最も大きいと思っています。急に現金が必要になったなど、なにか事情が発生して売りたくなったときに、不動産は預貯金や株と違って即日現金化することはできません。最短でも1カ月は時間を要します。

とはいえ、急いで売却しようものなら適正価格で売れず損することになります。本来、市況を鑑みて売却を決定する必要がありますが、「自分の売りたいタイミング＝高値で売れるタイミング」とは限りません。

ですから、もし売却価格がローンの残債よりも低ければ、利益を得ることはできません。最悪の場合だと、多額の借金だけを抱えることもあるのです。

またリスクというよりはデメリットになりますが、経営者ならではのデメリットで、「融資審査が厳しい」ということがあげられます。

これは全ての経営者に当てはまることではありませんが、自営業者・中小企業の経営者の場合にはサラリーマンに比べてハードルが高いのが一般的です。

というのは、金融機関には「アパートローン」というサラリーマン向けの融資商品がすでにあるため、そのサラリーマンの属性と物件の条件が合致すれば、ほかに大きく借入がない限りはさほど問題なく借入が可能です。

しかし経営者はこれから行う不動産賃貸業についてはもちろんのこと、行っている既存の事業についても厳しくジャッジされます。

融資の審査では会社の直近3年間の業績を見られることとなり、黒字であることは融資審査通過の必須要件です。

さらに業績が右肩上がりとなっていることが望ましいので、経営する会社の状況によっては融資を受けられない可能性があります。

高所得の人であれば現金投資でも良いと思いますが、効率的に事業を成長させるという意味ではローンの活用は欠かせませんので、成長機会を逸する可能性もあります。

将来的に不動産投資を考えている人であれば、会社の業績は黒字に保ち、きちんと納税をしていくという観点も必要になってきます。

その他のリスクとしては、空室、自然災害、入居者トラブルなども挙げられます。しかし、これらはいずれも対策を講じることができます（詳しくは第6章で回答しています）。

したがって、収益がしっかり出る物件を購入できるかどうかが、やはり不動産投資成功のカギを握ると言えるでしょう。

とはいえ、収益がしっかり出る物件とは、立地が良くて入居付けに常に困らない物件、つまり他の人も欲しがる物件なのです。

やはり、収益がしっかり出る物件は人気があり、数が少ないのです。つまり、物件が取り合いになっているので、早い決断が求められます。そのため、不動産投資を進めて行く上では、よい物件を早く決断して買っていく必要があります。

多くの人が収益を見込める物件を探しており、その中でいち早く物件を買っていけるかが不動産投資で成功できるかの大きなポイントなのです。

Q11 地震リスクは防げますか？

日本は地震の多い国であり、気象庁の調査によると、ほぼ毎日、震度1以上の地震が日本のどこかで起こっているそうです。もしも、大地震が起こり、津波などの自然災害に直面すると、甚大な被害を受ける可能性もあります。そうなったときには、保険などの制度により対応していくしかありません。

そもそも火災保険と地震保険は仕組みが違います。

地震保険については、損保会社と国（政府）が、共同で運営しているシステムで、地震保険制度は、「地震保険に関する法律（地震保険法）」に基づいた、政府と損害保険会社が共同運営する公共性の高い保険です。

そのため火災保険については各損保会社により、条件や補償額が異なりますが、地震保険については、どの損保会社から申込んでも同一条件となります。

また、基本的に地震保険の基準料率は、建物構造・等地別の「基本料率」に、割引が適用されます。つまり建物の構造、物件の所在地がどこなのかによって、保険料が決まります。さらに保険期間が2年～5年の契約については、保険期間が長くなるほど割引が大きくなります。

『地震保険の仕組み』出典：http://nihonjishin.co.jp/structure/index.html

・担保する危険・・・地震もしくは噴火またはこれらによる津波（以下「地震等」といいます）を直接または間接の原因とする火災、損壊、埋没または流失によって、保険の目的について生じた損害

・保険の目的・・・居住の用に供する建物及び家財（生活用動産）

・期間・・・1年、長期（2年～5年）および短期

・支払い保険金・・・建物・家財とも 以下を保険金として支払います。

全損→保険金額の１００％（ただし、時価を限度とします）

半損→保険金額の50％（ただし、時価の50％に相当する額を限度とします）

一部損→保険金額の５％（ただし、時価の５％に相当する額を限度とします）
※保険始期が平成29年1月1日以降の地震保険契約は以下。
全損→保険金額の１００％（ただし、時価を限度とします）
大半損→保険金額の60％（ただし、時価の60％に相当する額を限度とします）
小半損→保険金額の30％（ただし、時価の30％に相当する額を限度とします）
一部損→保険金額の５％（ただし、時価の５％に相当する額を限度とします）

地震保険に入るかどうかはオーナーの判断です。「火災保険には入るけれど、地震保険には入らない」といった方もいます。「自分の物件のある地域は地盤がいいし、統計学上、地震は起こらないだろう」と判断すれば、地震保険には入らなくてもよいでしょう。逆に首都圏など、地震リスクが高い地域では加入を検討される方が多いです。

その他、自然災害リスクを心配される方も多いです。最近は、ゲリラ豪雨や竜巻、大雪といったことが毎年あります。

こういった災害での被害は保険に加入することで、リスクヘッジが可能です。物件購入時に必ず火災保険に加入しますが、最近の建材は防火にすぐれているため、火災保険よりも特約の災害向けの保険の方が、使う機会が多い傾向にあります。

また、融資を受ける場合、火災保険に入ることを条件にしている銀行もあります。例として、不動産投資家がよく使う某地銀の場合ですと、最低10年の火災保険に入ることを条件にしています。

さらにローン契約により、その火災保険に質権設定することを条件とする銀行もありますので、事前に融資を申し込む銀行へ確認してください。その場合、火災保険の保険金が支払われたとしても、直接銀行側に振り込まれ、借入金の返済に充てられることになります。

Q12 避けるべき不動産投資とは、どんな投資ですか？

私個人として思っている「避けるべき不動産投資」とは、新築ワンルームマンション投資です。例えば、新聞の広告などによく掲載している業者の東京の新築ワンルームマンションだと、2500万円前後で購入することになります。

医師など高属性の方ほど、営業マンに新築の区分所有マンションを勧められ、買わされるケースが多いといえます。高収入の方は、所得税率が高いこともあり、「節税できますよ」という言葉に弱く、税金の還付金が戻ってくることを大きな強みと感じる方が多いようです。

他にも、返済が終われば購入物件は資産になる、入居者が退去したら子どもを住まわせれば大丈夫という感じで、ビジネス感覚とは違う考え方で新築ワンルームマンションを購入されている方がほとんどなのです。

事例でいえば、池袋駅から徒歩3分で、月々の家賃が10万円といった新築ワンルームです。

一見すると問題がなさそうにみえますが、ここで問題なのは、10万円の家賃というのは、新築物件のプレミアムのついた家賃ということです。新築プレミアム家賃とは、あくまで新築にだけ当てはまる「相場よりも高い家賃」を指します。誰かが一度でも住めば、プレミアム家賃は適用できません。

したがって、5年後には家賃が必ず下がることになり、9万円台になる恐れがあるのです。10年後になると、さらに2万円の家賃が下がる可能性が高いと予想できます。新築から築浅、そのうち中古の賃貸マンション扱いとなり、入居者が替わるたびに家賃が下げられていくことになるのです。

その一方で、毎月のローン返済額は、何年たっても減ることはありません。購入後2～3年であれば、月々5000円程度のキャッシュフローを生むのかもしれません。しかし、5年後、10年後にはキャッシュフローは赤字となり、持ち出しの方が多くなる可能性が高いのです。

物件を売却しようと途中で考えても、中古ワンルーム投資マンションは、安く買いたたかれることも多く、よほど不動産市況が活況で売り時でなければ、銀行からの借入残債を上回る価格で売ることは難しいのです。

Q13

個人事業主が不動産投資を行う場合の注意点は？

代々続いたお店を受け継いで経営している、弁護士など士業をしている、ネットで転売ビジネスをしている、ウェブデザインで稼いでいる・・個人事業主といっても、その業態は様々でしょう。

私の知り合いでも、特に最近増えてきている転売ビジネスをしている方々は、毎月の利益はかなり高く、なかには月に100万円以上稼いでいる人も結構数いますが、在庫の仕入れ・管理に費用がかかるせいなのか、手元にお金が残っている方は少数派のようです。

そういった商売は、表現が悪いかもしれませんが、いわば「水物」的なところもあり、将来の安定を求めて不動産投資に関心がある人も増えてきています。

しかし、不動産投資を始めたいと思っていても、自己資金がゼロではそもそもスタート地点にすら立てません。

これは転売ビジネスをしているに限らず言えることですが、とにかく貯金をしてお金をつくりましょう。

加えて、決算書をよくすることも大切なポイントです。

個人事業主のなかには、法人ほど厳格な経費処理をしなくて済むせいか、どんぶり勘定的に経費を落としている人も多いようです。

しかし、決算書が悪ければ、金融機関の評価も上がりません。ですから、しっかり税金を納めましょうということになります。

例えば、1000万円に対して課税を受けている個人事業主と、年収1000万円のサラリーマンがいたとして、どちらが融資を受けやすいと思いますか？

答えは、サラリーマンです。

同じ1000万円ということに変わりはありませんが、サラリーマンの場合、会社という信頼を担保する後ろ盾があります。

一方、個人事業主に会社という後ろ盾はないため、同じ土俵に上がるためには、例えば1500万円くらいまで引き上げなければならないのです。

自己資金を少しでも貯めること、決算書を良くすること、この二つが個人事業主が不動産投資を始めるうえでの重要なポイントです。

Q14 忙しい経営者が不動産投資をするためにはどうすればいいですか？

最も重要なのはパートナーとなる業者選びです。

業者選びにおいて一番大切なことは、「あなたの資産を増やしてくれる会社かどうか」を見極めること。よく見落としがちな部分なのですが、実はここが一番大切です。

皆さんが不動産投資で実現したいのは、「投資物件の購入」ではなく、「不動産投資で収入を増やすこと」です。

そのためには投資用物件の情報を多く持っていること、市場の動向について熟知している会社かどうかも重要な指標でしょう。

それから不動産投資では銀行融資が大きなキーとなります。金融機関の動向は常に変化しています。

先述した通り、人にはよりますがサラリーマンに比べて、経営者の方が融資に対してハードルがあります。

つまり、サラリーマン以上に金融機関の情報をつかんでいる必要があるのです。すでに取引をしている金融機関だけでなく、住んでいる地域の金融機関や広範囲を営業エリアとする金融機関など、経営者が不動産投資を行うにあたって攻略すべき金融機関はたくさんあります。

それらを個人レベルで把握するのは難しいものです。

それだけに金融機関の最新情報を知る不動産業者の存在は欠かせません。

また投資物件の購入時だけでなく、その先の管理や入居者の募集もおこなっている会社なら、将来的にも安心です。

不動産投資会社とは長く付き合っていくことになりますので、担当者との相性もとても重要な部分になってきます。

Q15 なぜ経営者は不動産投資に向いているのでしょうか？

サラリーマン投資家に比べて、経営者の強味といえば、すでに事業の経験があるということです。

不動産投資は「投資」とはいいますが、実際には賃貸経営です。

つまり、これまでの経営者としての経験が優位に働きます。また、会社経営をされている方であれば、すでに従業員を雇用している方も多いでしょう。

その場合、物件の運営を管理会社に委託することにくわえ、事務作業の得意な従業員に任せるというのも一手でしょう。これは普通のサラリーマンにはできないメリットといえます。

というのも、今、物件はどの状態かというのを把握する必要があります。

空室は入居募集しなくてはいけませんし、修繕が発生したらその手配を行わなくてはいけません。もちろん、ある程度の部分は管理会社にまかせることができますが、最終的な判断はオーナー側でします。

管理運営をしていく上で、特に複数棟所有することになれば、書類の整理も煩雑になります。そこを会社にいる従業員にある程度裁量を任せてお願いするのです。いくらまでであれば修繕の判断も頼むのも可能でしょう。管理会社なら3～5万円かかりますが、その従業員には10万円までと設定するのもいいと思います。

また、従業員にお願いすることとしては、物件情報を集めてもらうのも有効です。1日1時間でも時間を割いてもらい、希望の条件を伝えておけば情報が集まるはずです。それを見て判断だけすれば、買い増しをするときの労力の節約になります。

業務が増えてくるようであれば、新しく人を雇ってもいいでしょうし、専門のチームを後々つくるというのもいいでしょう。

もしくは、今の従業員に教えて、その人があまりに業務が増えすぎないよう意識しながら、業務が増えたら、新しい人を雇って教育させれば組織としてまわっていくはずです。

Q16

経営者の不動産投資は何歳くらいまで可能でしょうか？

私がお会いする経営者の方は40～50代がメインですが、30～40代も多いです。60歳超えの方もいらっしゃいます。

ただ不動産投資をするなら、理想的には50歳前には始めておきたいところです。高齢になるほど、融資が受けづらくなるからです。

とはいえ、会社の利益が出ているようでしたら、資産管理法人があれば高齢でも貸してくれる金融機関もありますので、チャレンジする価値は十分にあります。

私の知るケースでは、55歳では個人での融資期間は25年ですが、法人で30年の融資が通ったこともあります。

加えて、年齢が高い経営者の方で後継者がいれば優位に働く可能性もあります。いずれにしても、社長とは別に連帯保証人を出すことができれば強いです。

また、年齢の高い経営者の方の融資で注意したい点として「相続人の同意を得ているのか」が重要です。奥さん、お子さんが把握しているというのが大事なポイントです。

Q17 不動産投資に向いている経営者とは、どんな経営者でしょうか？

金融機関の視点で考えると、3期黒字であること。つまり、本業の業績が好調な会社です。

以前、太陽光発電の会社の社長さんが融資を受けようとしたとき、最近は買い取り価格が下がっているせいか、今後の経営的な見通しがしにくいと金融機関に判断されたケースがありました。

メインとなる事業が不安定になる可能性が少しでもあるようでしたら、もう一つ収入の柱があると、融資を受けやすくなります。そういう意味では、不動産投資を始めて、実績を残せば、事業として十分に認めてもらうことができます。

融資以外の点でいえば、購入判断が早いことが大切です。つまり、意思決定が早い経営者が不動産投資に向いています。

おそらく創業者で事業を大きくした経営者であれば問題はありません。逆に二代目三代目の経営者・大家さんでは、大きな判断を迫られた経験がない場合もあります。いずれにしてもマインドが高い人が不動産投資では有利に運びます。

具体的に向いているタイプといえば、もともと営業をやっていた人でしょう。というのも収益物件を買う投資家は営業職に近いように感じます。営業マンは1人のお客さんに対して、皆が一斉に「買ってください」とアプローチをかけます。

不動産の場合は1つの不動産に対して、複数の投資家が手を挙げるので、強い競合に勝つ強い精神がとても重要です。その点でいうと自己啓発を学んでいる人も強いかもしれません。

強いマインドを持って目標値を高く設定できる人は、目標に到達する可能性が高いです。

例えば、「1億円は通過点、10億円を目指す」という意思がある人は、結果的に10億円はいけず8億7000万円だとしても、通過点である1億円は購入できます。

これが最初から1億円がゴールであれば、なかなかたどりつかないこともあります。

やはり目標設定とそこに至るまでのマインドが大切で、ただ単に「買えればいいや」と思っている人は行き詰るケースが多いです。


さらに向いている人に条件をつけくわえるなら「マジメな人」です。

もともとコツコツ真面目な人が、強いマインドを持てばパワーが相乗します。コツコツとお金を貯めて、コツコツと勉強をして、強いマインドで買うことができれば、後はそれをコツコツと続けていけばいいだけなのです。

Q18 家族や配偶者の協力を得る必要はありますか？

結論から申し上げると、ご家族の理解・協力はあるに越したことはないです。

安定収入のある配偶者であれば、収入を合算することで「世帯収入」とできるため、融資の際に有利に働くケースもあるからです。また、融資の際には、配偶者を「保証人」にすることを求められるケースもあります。

この2点は必須ではないのですが、事前に理解を得られていればスムーズです。

また、金融機関への資産を持っていることのエビデンスとして、配偶者や両親の金融資産も有効です。この金融資産とは、「これだけの資産がありますよ」と提示するだけの可能性が高いです。

不動産投資は長期的となることが大半ですので、長年後ろめたい気持ちでいるより、どこかで理解を得られたほうが前向きに取り組みやすいと思います。

売上げを倍増させた私の社内改革、営業戦略

1章のコラムでもお伝えしましたが、ナンバーワンの営業マンの退職を機に、私は大きな社内改革を実行しました。ここではもう少しその内情をお伝えします

これまで会社経営をやっていて気づいたことがあります。それは、人が動く理由は二つあるということです。よく言われるハード面とソフト面ですが実際に徹底的にやりました。

一つ目が待遇面です。ハード部分はお給料の面だったり、モチベーションや、労働環境であったりとか、社内環境をまず整えなくてはいけないということがあります。

そこでまず行ったのは、営業マンを大量に採用したことです。単純に大きな穴を埋めるためには物量が必要だからです。

ただ、その腕は千差万別です。いきなり成績を上げるデキる営業マンもいれば、才能を発揮するのに時間がかかるイマイチ営業マンもいます。これは過去の経験からわかっていましたし、それを待っていたのでは、売上げの約1／3を担っていた営業マンの離脱の補てんには遠く及びません。

そこで、私はデキる営業マンの行動を念入りに思い出しました。すると、ナンバーワンの営業マンは、自費でアシスタントを雇っていることに気がつきました。自分一人で電話をかけるのには限界がありましたが、自分の分身がいれば二人分の仕事ができます。もちろん売り上げも大きく上がるので、アシスタント一人くらいの人件費は軽く出るでしょう。

そこで、当社の営業マンに「今のあなたの分身がいたとして雑務がなくなったら、もっと成績は上がりますか?」と聞くと、必ず「上げられる」という返答がありました。でもなかなか自費で雇う行動力はありません。売上が上がる方法があるのに、誰もやらない。だから、いっそのこと会社負担でアシスタントを雇う判断をしたのです。

しかし、いざアシスタント募集で求人を出しても、応募が来ないんです。雑用を押し付けられると思うのでしょうか、人気がありません。

そのとき思いついたのは、「だったら大量に採用した営業マンの中から、アシスタントを募ればいいんじゃないか」ということです。

先述したように、大量採用すれば、成長の遅いイマイチ営業マンもいますから、彼らにアシスタントになるよう持ち掛けました。工夫したのはアシスタントでもモチベーションが上がるように、給料以外にアシスタントにも歩合が出る仕組みにしたことです。

すると面白いことに今度はみんな「アシスタントがいい」と言うようになりました。想定外の反応に驚きました(笑)。

というのも歩合の割合は通常の営業マンのほうがいいのですが、アシスタントの業務内容はデキる営業マンのサポートということで、自分で営業する以上に安定して稼げるからです。

また、「アシスタントである程度一定まで成長したら、歩合のいい営業マンになれる」という昇進制度を設けたことも効果的でした。そうすれば、成長に時間がかかっていた営業マンも、徐々に育ってくるのです。

考えてみれば、よくできる人の側にいるのですから、そのノウハウを自然と学ぶわけです。それもその人のペースで身に付けることができます。早い人はすぐ上がるし、ゆっくりの人はゆっくり上がればいいのです。営業マンにとってプレッシャーがなく楽しく働けていいのでしょう。

こうして、全員取りこぼしなく成長できる仕組みをつくりました。

その結果、当社はナンバーワン営業がいた頃よりさらに売上が上がり始めています。これは努力や能力だけではなく、仕組みなので今後も安定的に成長を続けられると思います。

二つ目に行ったのはソフト面です。いくつか行いましたが、面白い取り組みの中に、「休み時間制度」があります。これは、1時間ごとに区切って50分働いたら10分休むという約束です。もし働いていたら、私は遠慮なく怒ります。10分は必ず仕事を離れて、そのときに私的なメールや電話をしたり、おやつを食べたりします。たばこを吸う人なら一服タイムです。

これをやってみて面白いのが、この制度を始めたら、残業が減ったのです。物件の管理部門（株式会社ＭＴＫ）は業務内容も多く残業になりがちでしたが、それもほとんど解消されました。

労務環境を整える、お給料をきちんとあげるなどのハード面以外に、ソフト面として心の部分も大切なことなのです。

また、現在スタッフは50人ぐらいいますが、業務時間を割いて毎日一人とは話すようにしています。そして今どういうことに悩んでいるとか、逆にこういうことがやりたいとかなどの声を聞いています。実際社員一人ひとりと話して、とても大事なことだと最近気が付きました。


ハード面とソフト面、この二つが大事だということは以前からわかっていました。人が動くようにならないとどうにもならないですから。

経営者の中には、ひとつの区切りとして売上10億円を目指している方が多いのですが、不動産の場合、売買仲介なのか、仕入れて売るのかで同じ売上10億円でも意味が違います。

正直いって売買仲介の手数料だけで、売上をつくるのは簡単なことではありません。これは投資家の皆さんからの信頼があってこそで、大変感謝しています。

実は、当初の売上50億円の目標から、100億円を目指せると思ったのが、先ほどお話した仕組みづくり、ユニット制の導入です。ユニットで1億円を売れるモデルケースができてくれれば、それを100個つくるだけの話です。

後もちろんオフィスを拡大することも必要ですが、六本木にそれだけ許容できる範囲のスペースはなかなかありません。次に検討する場所としては六本木ミッドタウンが候補に挙がっています。

最近の業績から考えて、これも決して不可能ではなく現実的な試算である手ごたえはつかんでいます。

第2部
購入編

購入編は不動産投資をはじめるにあたってどうすれば良いのかを解説しています。特に気になる自己資金や資金計画について。また不動産投資の肝となる融資。最後にどんな物件を選んだら良いのか。一口に不動産投資といってもたくさんのやり方があります。まずは基本を学びましょう。すでに事業を行っている経営者の皆さんからすれば、不動産投資で成功することは決して難しいことではありません。

第3章は資金と事業計画がテーマです。不動産投資をはじめるにあたり、準備すべき資金はどれくらいなのか、資金計画についても解説します。

第4章は融資です。巷の不動産指南本には経営者向けの融資情報がほとんどありません。基本的な知識にくわえ、何を抑えるべきか、融資成功へのコツをお伝えいたします。

第5章は物件の選び方です。不動産投資最大のメリットはレバレッジをかけられること。どんな物件を購入するのが効率良く収益をあげられるのか、その方法をわかりやすく説明します。

第3章

資金・事業計画はどのようにおこなっていくのか

Q19 経営者が不動産投資をするためには、どのような条件を満たす必要がありますか？

前提として既存の事業が「黒字を出している」ことが最低条件です。

事業を成功させて多額の役員報酬を得ている経営者は、「超高属性」で、ほぼすべての金融機関で融資を受けられます。

私がこれまで見てきた中でも、年収1億円を超える方は、銀行側が「融資させてください。お願いします」という姿勢でＶＩＰ扱いでした。これは普通のサラリーマンでは、まず見られない光景です。仮に年収1000万円クラスだったとしても、です。

また、「経営している期間（業歴）の長さ」も重要です。銀行によって規定は異なりますが、3年ということが多いようです。1年でも内容によっては融資を受けられます。

保証協会付き融資の仕組み

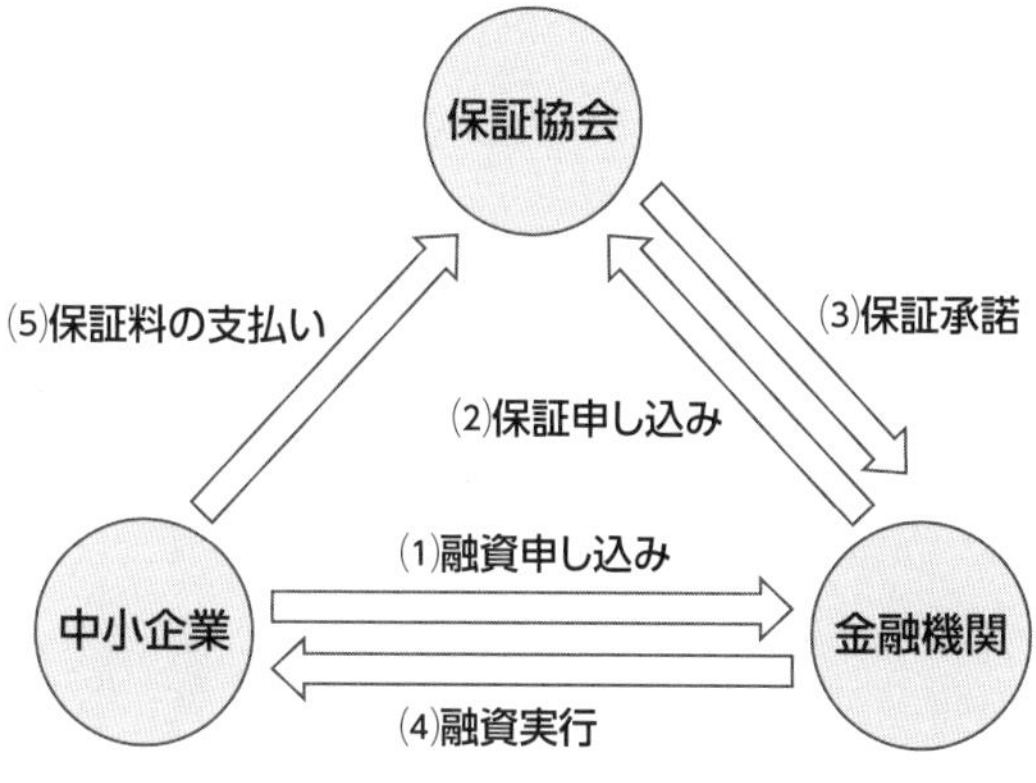

ちなみに、期間が短い、取引が浅い中小企業・小規模事業者が融資を受けようとすると、信用保証協会（中小企業の金融円滑化のために設立された公的機関）の保証を求められることがあります。

これは「保証協会付融資」と呼ばれるもので、万が一、借主の返済が滞ったときに「借主に代わって信用保証協会が金融機関に立て替え払いを行ってくれる」というものです。

金融機関からみれば、延滞や貸し倒れリスクがない融資なので、審査のハードルは低く、かなり積極的に行ってくれます。

ただし、信用保証協会を通じた審査は、通常3週間から1カ月程度時間がかかってしまうのと、融資期間が10年と短いのがデメリットです。

保証協会付の場合は、金額も大きくなく期間も短いので融資で物件購入は難しいものがありますが、はじめての取引は「保証協会付融資でないと・・・」という金融機関もあります。その場合、既存物件のリフォーム融資で借りて、そこから信頼関係をつくっていくというのもひとつの手です。

保証協会付融資を使うポイントとしては、まずは、保証協会付で取引をスタートして実績をつくることで、その先にプロパーローン（事業用融資）の可能性が高まるという点です。

Q20 自己資金はどれくらいあればいいでしょうか？

最低ラインとして、500万円は用意しておきたいところです。

ただ、500万円はなくとも300万円くらいでしたら、物件評価と属性が良ければ融資が受けられるケースもありますので、厳密にいくらなければ始められないというわけでもありません。

いずれにせよレバレッジを効かせたほうがいいので、融資が受けられるのであれば自己資金はできるだけ使わず「金融機関に預金残高を見せるために用意する」ということができると理想的です。


経営者の方であれば、新しく銀行と付き合いを始めるときに「いくらか当行から借りてください」とお願いされた経験を持つ方も多いでしょう。

これは不動産投資を始めるうえでも同じことで、仮に希望する金額の融資を引き出せたとしても、「当行にいくらか預けていただけませんか？」と交渉されることは決して珍しくありません。

金額はケースバイケースですが、500～1000万円くらいが多いです。中には2000万円という例も聞いたことがあります。

また、物件評価が良くなかったり、属性が不十分と捉えられたなどの場合には、数千万単位で物件価格の1割以上の頭金が必要になることもあり得ます。

ですので、自己資金は多い分に越したことはありません。

Q21
購入前に必要なシミュレーションはありますか？

先述したイールドギャップから考えても、今は不動産投資をはじめるにあたって、有利な時期にあるといえます。

まず、その前提となる賃料収入が適正なのか自身でしっかり確認しましょう。現在は、ネットから近隣の賃貸募集の情報が簡単に入手できますし、また、地元の不動産屋からもヒアリングできます。この賃貸マーケットのリサーチを怠ると、収支全体が狂ってしまいます。

また、資金調達をローンで賄うのであれば、月々の返済額と支払金利がいくらになるのかを確認して、毎月入ってくる家賃収入から、支払うことが可能なのかをチェックしましょう。

銀行からの借入は、ネットで融資金額と金利と借入期間を入力すれば、月々の返済額と支払利息を簡単に算出できます。また、融資してもらう銀行にお願いすれば、計算表のようなものをアウトプットしてくれるはずです。

また、シミュレーションをしていく場合、収入は堅く見積もりましょう。満室経営は簡単に実現できるわけではなく、どの大家さんも空室に悩んでいます。ですから、10%~20%の空室率を前もって想定し、手堅く月々の収入を見積もるのです。

さらにランニングコストのところでも解説したように、月々支払うコストが必ず発生しますので、それらの費用も家賃収入から差し引いておく必要があります。

このように、手堅く計算した収支シミュレーションによって、無理なく借入金を返済していけるかどうかの収支計画表をつくることが非常に重要なのです。収支シミュレーションがマイナスになるような物件は、買ってはいけません。

Q22 不動産投資で成功してリタイヤする経営者はいますか？

不動産投資で成功してリタイヤすることは可能だと思いますが、私が知る限りそのような経営者はいません。多くの経営者は「今の仕事を続けながら、不動産投資を続けていきたい」という考えをお持ちです。

というのも、経営者のなかには本業を部下にまかせていて、すでにリタイヤ状態の人もいます。つまり「辞めたい」という意思がないのです。

これが医師や保険の代理店を経営される方、士業関係の方、収入の安定しない事業をしている方であれば「不動産収入を増やして、もっとラクになりたい」という希望を持つ方もいらっしゃいます。

特に医師は開業医か勤務医か、また担当するのが何科なのかによって状況が変わります。

現状で収入に困っていなくても、仕事を続けることが前提であるため将来不安もあります。

例を挙げれば、外科の医師であれば「もし目が見えなくなって手術ができなくなったら・・・」という理由で不動産投資をはじめる方もいます。

たとえ今は年収が高くても、それが続く保証はありません。そういった不安から不動産投資をされるケースであっても、「不動産収入が得られるようになったから辞めよう」とはなりません。

保険の代理店のケースですと、サラリーマンに若干近いというところがありますが、いずれにしても、本業をやめたい・・という経営者は少数派です。

もし、リタイヤしたいと考えているのであれば、どれくらいのキャッシュフローが必要なのかしっかり計算しましょう。そして、それだけのキャッシュフローを得るためには、どれくらいの物件を購入すべきか把握します。

Q23

物件購入にあたって、どのような費用がかかりますか？

物件を購入する際、物件価格以外にかかる諸費用はさまざまです。

不動産取得税、司法書士に支払う登記費用、それと不動産業者に支払う不動産仲介手数料、火災保険といった費用がかかります。

その他、細かいところだと、売買契約書に貼る収入印紙代、銀行との契約に必要な印紙代、振り込み手数料なども挙げられます。

これらを含めると、おおよそ物件価格の8％程度の諸費用がかかります。

また、購入後も予測外の出費がかかることもあります。できるだけ手元に資金を確保しておくことでリスクヘッジになるので、購入時は手持ち資金をできるだけ抑えた形でのファイナンスアレンジが理想的です。

Q24

購入後にかかる費用はどれくらいでしょうか？

安定した賃貸収入を得るためには、建物の修繕などメンテナンスを計画的に実行する必要があります。

例えば、物件を購入した5年後、10年後に外壁塗装や屋上防水などを行うとすると、建物の規模にもよりますが、500〜1500万円ほど費用がかかります。

これらの費用は、キャッシュフローの中から払ってもいいですし、自分の手持ち資金から払ってもかまいません。

また、借入している金融機関からリフォーム資金として、融資を受けられる可能性があります。リフォーム資金であれば、金融機関も基本的には融資に応じてくれるでしょう。

必要とする全額を融資してくれるか否かは、金融機関側の事情や借りる人の現況にもよります。しかし中には、「自己資金で半分は出してください」という金融機関もあります。そのため、キャッシュフローのうち、ある程度は将来のリフォームのために残しておくべきでしょう。

また、リフォームをしていない中古物件を購入するケースもあります。「リフォームをしなければ空室は埋まらない！」と最初からわかっている場合は、物件購入費用にリフォーム費用を追加して融資を申し込むケースもあります。

こうしたケースでは、工事業者からのリフォームの見積書を添えて申し込みをすれば、銀行側も前向きに応じてくれるでしょう。

物件購入後、すぐにリフォームを行う必要がある場合は、購入資金とリフォーム資金を別々に申し込むのではなく、一括で申し込んだ方がうまくいくことも多いようです。もしリフォーム資金を単独で融資申し込みした場合は、資金使途から、その返済期間は5年から長くても10年となります。

購入物件の資金と合わせてリフォーム資金を融資申し込みする場合、物件ローンの返済期間（20～30年）に合算してもらえる可能性があるので、月々の返済金額が少なくなるというメリットもあるのが魅力的です。

そのほか、購入後にかかる費用として、固定資産税と管理費が挙げられます。管理会社に支払う管理費は、一般には毎月の集金する家賃の5％です。また、建物に対する固定資産税は、所有物件の構造（木造、鉄骨、ＲＣ）によっても大きく違ってきます。

例えば、木造よりもＲＣ造の方が固定資産税は高くなりますし、築年数が浅い物件の方が古い物件より固定資産税が高くなるのです。

土地（底地）に対する固定資産税は、相続税路線価格により決定されます。したがって、東京などの大都市は、土地に対する固定資産税が高くなります。

ＲＣ造物件は、銀行から融資を引きやすいというメリットがある一方で、固定資産税は高くなるため注意が必要です。また修繕費などの費用も、ＲＣ造の方が木造よりも相対的に高くなる傾向にあります。

その他、かかる費用には、毎月の電気代や清掃費、エレベータのある建物の場合、メンテナンス代がメーカーにもよりますが、毎月2万円から、高いところで5万円ほどかかります。また、受水槽がある建物の場合、清掃費用もかかりますが、これは5～7万円前後が相場です。

Q25 不動産投資をするためには、新しい法人を設立する必要がありますか？

既存の法人があったとしても、別法人をつくることをお勧めしています。

例えば、本業のA社と、不動産投資用のB社を持っていたとします。

仮にA社で起こった訴訟などの法的問題が起きたとしても基本的にB社には及ばないですし、仮にB社の損害が出たとしてもA社にも及ぶことを防止する効果があります。

つまり、別会社を持つことでリスクヘッジできるのです。

なお、法人設立においては、その目的とその時の資産に応じて、会社名義にするのか、個人名義にするのか、子ども名義にするかは選択が必要ですが、いずれにせよ「資産管理法人」にすることをお勧めします。

なお、一般的に言われている資産管理法人を設立することによるメリットは、以下のとおりです。

・収益面でのメリット

利益の細分化……所得を法人や親族に分散化することで、税負担の軽減が期待できます。

収入のアップ……役員報酬や役員退職金を受け取れます。

・税務面のメリット

損益通算……投資不動産や有価証券・ＦＸなどの売却損が他の収入と通算することができます。

必要経費と認められるものが増える……支払い家賃（役員の社宅家賃の一部）、役員の生命保険料、会議費、消耗品費（パソコンやプリンターなど）、旅費規定をつくることで出張時の日当なども経費として認められます。

・その他のメリット

社会的信用アップ……金融機関の信頼度が向上します。

保有資産の明確化……本人（あるいは同一生計親族）の保有資産を明確にできるため、相続対策を検討する際にも有効です。

Q26 不動産投資を経営している会社で有効活用できませんか？

最近では、社員への福利厚生の一貫として、賃貸住宅を社宅として利用するために不動産投資を行うというケースもあります。

終身雇用制度は崩壊し、転職することが当たり前になった現在では、企業の悩みの一つとして、苦労して育てた社員が離職してしまうケースが増えています。

ですから、経営者は「いかに優秀な社員に残ってもらうか」を考えることも大切です。そこで重要なのが福利厚生です。例えば各種の手当や休暇制度を設けるなどして、働きやすい環境をつくるのです。

特に、福利厚生の中でも重要なのが住居費用。多くのサラリーマンにとって、毎月の支出の中で大きな割合を占めるものとして家賃があげられます。

そう考えると、家賃補助（住宅手当）などの住宅に関する手当てを出したり、社宅として住宅そのものを提供したりすることは、社員にとっても助かります。

ここで「賃貸住宅を社宅として所有する」という選択肢が出てくるのです。

社員に家賃補助を出すことと、法人が不動産物件を所有して社宅として貸し出すのとでは大きく違います。

家賃は出費です。社員の家賃のうち家賃補助額が5万円であれば、10人の社員がいる会社であれば、年間60万円がキャッシュアウトします。それを経営者が不動産を持って社宅として社員に住まわせることで、この出費はなくなります。

法人で不動産を持つメリットの一つとして、経費を法人税における損金に計上することができるので、個人で自宅などを買うよりも遥かに得です。

また、損金計上して節税しつつ、借入金を返済していけば、実物資産としての不動産が残ります。

もちろん社員にとってもメリットが多くあります。というのも家賃補助が給料に上乗せされると、所得税や住民税、年金、社会保険の算定基礎額まで増えてしまいます。

それが社宅であれば一定の家賃さえ徴収していれば給料に課税されないのです。

つまり、家賃補助を会社から支給されるより、社宅に割安な家賃で住める方が社員にとってもお得なのです。

このように、福利厚生を充実させるために不動産投資を行うことも、経営者ならではのメリットといえるのです。

Q27 会社所有の使っていないアパートがあります。有効利用できますか？

もともと持っている物件で、何も活用していない不動産、老朽化した昔の社員寮などあれば、もしかしてそれはリノベーションで復活するケースがあります。もしくは売却して、資産の組み換えも可能です。地方の所有物件を売って東京の物件に買い替えるということができます。遊休不動産があれば、ぜひ活用を検討しましょう。

第4章

不動産投資の融資は どのような 手段があるのか

Q28
1棟物件を自己資金ゼロで購入することは可能ですか？

自己資金ゼロの人でも、銀行から融資を受けて、物件を購入した方はいらっしゃいます。

もちろん、年収や資産背景にもよりますし、またどこの銀行に申し込みをしたかにもよりますが、実際に自己資金ゼロの人でも借りた実績はあります。

不動産投資をはじめるためにあたって融資を受けたいと考えたとき、金融機関はその人の返済能力を重視しています。それが年収であり資産背景なのです。経営者であれば、本業が順調であるのかも大切なポイントです。

その結果「この人は返済能力がある」と判断されれば、融資できる金額も多くなりますし、また自己資金ゼロの人でも、融資を受けられるわけです。

Q29 年収や貯金は最低どれくらいあれば不動産投資ができますか?

基本的には多いほど有利です。

ポイントとしては、必要な年収や貯金はお住まいの地域によるところが多いということです。

例えば、東京都内で年収1000万円は目立たないですが、これが札幌で年収1000万円は目立つのです。このように金融機関の見方は住所地によって開きがあるのです。

具体的にいくらなのかといえば、一概にいえませんが、イメージとしては地方は、年収ベース、法人経営者なら役員報酬、自営業者なら利益が年収600万円でしょうか。都内であれば年収1000万円を超えてこないと難しいと感じます。

また、年収が低くても融資が受けられるケースがあります。

それは、すでに本業で取引があって実績を良く知っている場合です。そこまで売上がよくなくても、現預金を持っているなど、年収だけでない良いポイントを金融機関が把握していることもあります。

特に信金、信組では中小企業の取引先を大切にします。今、取引銀行があれば、ぜひ聞いてみてください。もしかすると、基準を満たしていなくても貸してくれる可能性があります。

自己資金についていえば、物件の評価が出て個人の審査が通れば、自己資金0に近い状態で融資を受けられる可能性もあります。

ただし、そういった場合に金融機関から資金移動もしくは定期預金を頼まれることがあります。

これも金融機関によるところが大きく、まったく言わない銀行もあれば、定期預金が条件となるケースもあります。

自己資金として使わないけれど、お金があれば取引銀行が広がります。融資をより有利に進めるためには、預金は1円でも多い方が良いです。

Q30 アパートローンとプロパーローンの違いは何ですか？

経営者の方が融資を受ける場合、いわゆる個人のサラリーマン投資家が選ぶアパートローンは使えず、基本的にプロパーローンになります。

理由は、アパートローンは本業の給与所得を返済原資として想定されているからです。しかし、経営者には安定的な給与収入はありません。そのため、アパートローンは基本的に使えないのです。

そもそもアパートローンは、個人の不動産投資家・・・サラリーマン大家さん向けにパッケージ化された商品です。

形式的には住宅ローンなどと同じ消費者ローンに分類されます。本業の給与所得も返済原資として想定しており、融資限度額は基本的に年収により査定されます。つまり、アパートローンでは住宅ローンと同じような審査内容で一棟物のアパートやマンションが買えるのです。

アパートローンのメリットは、パッケージ化されているので審査方法や属性による融資可否が開示されており、融資審査基準が事前にある程度わかる点です。

プロパーローンよりも審査期間が短く、手続きは定型化されています。属性が良ければ手続きもスムーズなので、特に年収が高いサラリーマンが利用しやすい融資です。

一方、プロパーローンについていえば、じつは「プロパーローン」という商品はなく、事業の運転資金や設備投資融資として利用される事業者向けローンがプロパーローンと呼ばれています。

プロパーローンは不動産購入に限らず一般的な事業融資の全般を指します。審査手続きは、中小企業が事業用の融資を受けるのとほぼ同じです。

特に業種や事業背景、事業実績など入念に審査されるため、審査期間も長くなりがちです。

また、アパートローンでは頭金は○割と規定されていたり、借入限度額も年間給与収入の○倍までと決められているものですが、プロパーローンではとくに決まりがありません。

アパートローンVSプロパーローン

項目	アパートローン	プロパーローン
対象	個人向け （新設法人は可能なケースもある）	事業者向け （新設法人への融資がメイン）
性格	既成（パッケージ型）	オーダーメード
金利	比較的高い（1.5%-4.5%以上）	比較的低い（1.0%-3.0%）
金融機関	都市銀、地銀、ノンバンク	都市銀、地銀、信金、信組
審査期間	短い	長い
融資期間	長期	短～中期
限度額	低い（年収の2-30倍）	高い
借りやすさ	やさしい	難しい

そのため大きく融資金額が伸びることもあれば、その逆のこともあります。まさにケースバイケースといえるでしょう。

特に、実績を積むことによって信用が得られ、より大きな額を引っ張ってこれる——可能性は無限大に広がっていくのです。

取引の結果、優良顧客と思われれば、どんどん追加融資が受けられますし、上限も緩くなる傾向があるのです。

Q31 融資はいくらくらい借りることができますか？

先述した通り、銀行からの借入額については、借入する本人の年収や、資産背景によりますし、また、どの銀行から借入するかでも大きく違ってくるものです。

また、購入物件の担保評価額やその収益性によって、借入れできる金額が決まります。一般的に銀行は、個人の属性と購入物件の担保評価の両方を見て融資金額を決めています。

しかし、中には物件の評価額を重視することもあれば、個人の返済能力を重視するケースもあり、一概にはいえません。ましてや経営者のケースでは、本業の業種によって銀行からの評価が分かれるところもあります。

銀行によって、融資スタンスは変わるものですから、いろいろな銀行と交渉してみることが肝要です。

Q32 有利な融資条件を受けるための条件とは何でしょう？

より良い条件で融資を受けるためには、都内在住で最低でも年収1000万円、できれば年収3000万円。地方では最低で600万円、できれば年収1000万円がひとつの目安になります。

金利条件でいえば、金融機関による格差が激しく、メガバンクでは金利1％以下というのも珍しくありませんが、取引するためのハードルが高いです。

地銀によっては最初から1％台で借りられる銀行もあります。自営業者が借りやすい信金や信組は3％台から始まって、何回も借りていると徐々に下がっていくようなケースが多いです。

つまり、良い金利条件で融資が受けられるのは、年収よりも取引実績だったりします。しかし、取引実績を積むには、年収も欲しいところです。

いずれにしても、地銀、信金、信組は地域性が強く、年収だけがポイントではありません。個別要素が強いため、「年収が低いから・・・」と諦めることはありません。私の知るケースでは北海道、福岡、広島で年収300万円でも好条件で融資を受けている経営者の方がいらっしゃいます。なにより、私自身も年収280万円のときに、出身地である水戸の信用金庫から融資を受けることができました。

Q33 どんな銀行から借りるのがベストですか?

基本的には、自分の住んでいる地域に支店を構えている金融機関から借入することになります。

不動産投資に積極的な銀行と消極的な銀行がありますので、情報を集めて積極的に対応してくれるところへ相談すればよいと思います。

ここで注意するのは、たとえ不動産投資に積極的な銀行でも、自分の住んでいる地域にその銀行の支店がない場合は融資に応じてもらえません。

自分が住む地域の銀行に、遠方の地域（北海道や沖縄）にある物件を購入したくても、エリア外ということで断られることも多いです。

一つの例をあげてみますと、富山市にある地方銀行へ、「札幌市内にある物件を購入したいので融資をしてほしい」と申し出ても、その銀行は「札幌市内に支店がないので融資ができません」という理由で断ります。

このようなケースでは、富山市にある銀行で、札幌市内にも支店のある銀行を探し出してお願いすればスムーズに融資が出るケースもあります。

また、地銀の中でも不動産投資にとても積極的で、購入物件の対象エリアを選ばないところもあります。少し金利は高くなりますが、そういった地銀を利用することもできます。

あとは、やはり金利が低いところが使えるならお勧めです。金融機関で言えば、メガバンク＞地銀＞信金＞ノンバンクといった順番で金利が低くなりますので、いろいろと条件などを比較してみてください。

いずれにしても、なるべく多くの金融機関と取引できることがベストです。その金融機関ごとに特色がありますから、それにあった物件を持ち込みます。

資産性は低いけれど高利回りの物件を地元の信金へ。利回りはそこそこだが、評価が高い物件をメガバンクで・・・といったようなイメージです。

一昔前は木造なら木造、ＲＣ造ならＲＣ造と物件タイプを絞って購入する投資家が多かったですが、今はいろいろなエリアで様々な物件タイプを所有してリスクヘッジする傾向にあります。

Q34 経営者・自営業者が融資を受けるときの注意はありますか？

繰り返しになりますが、次の3つが柱になります。

・本業が黒字であること

・節税しすぎず、税金を払う
・現金を多く持つ

それと金融機関と仲良くすることで、そこに可能性が広がります。

本書の読者にはいないとは思いますが、金融機関に対して、偉ぶった態度をとるのは厳禁です。これは不動産業者をはじめ、全ての取引先にいえることですが、「自分は客だ！」というような態度をとっても悪印象を与えるだけで良いことはありません。

Q35 住宅ローンがあっても借りられますか？

基本的には、住宅ローンがあっても問題はありませんが、その額にもよります。

一般的な住宅ローンの範囲内でマイホームを購入して、しっかり税金をおさめていれば、不動産投資の融資へ影響を与えるケースは少ないですが、豪華な自宅を多額の住宅ローンで購入するのは止めた方がいいです。あまりにも高額な住宅ローンを借りて高額な住宅に住んでいらっしゃるような方は、マイナス評価をされると思います。

住宅ローンについて別の観点からいえば、地方の信金は「家を構えている方が安定した生活をしていてよい」という評価するケースもあります。

理想をいえば、不動産投資をどんどん推し進めていくつもりなら、ローンを使って住宅を購入するようなことはせず、借家に住んだ方が有利に運びます。

どうしても購入したいのであれば、目安としては年収の5倍くらいまで、10倍は多すぎるでしょう。その辺は一般のサラリーマンと同様です。

一般的な住宅ローンであれば、不動産融資に影響はないと思います。

Q36

新規法人でも融資は受けられますか？

結論から言うと、みなし個人（個人として判断してくれる）で受け付けてくれる金融機関であれば、融資を引くことは可能です。

つまり、使える金融機関が限定されやすいのです。例えば、信用金庫のなかには先述した「保証協会付き融資じゃないとやりません」というところもあります。

ただ、経営者の方が使うのは基本的にプロパーローンになるので金融機関次第になります。また支店間格差も重要なポイントになります。

ここで支店間格差について簡単に説明しましょう。

金融機関は、メガバンク、地方銀行、信用金庫など、その種類によって融資基準が変わりますが、さらに同種類の金融機関のなかでも融資基準が変わります。

例えば、仮に同じ地方銀行でも「A銀行は積算評価を重視する」「B銀行は積算評価と収益還元評価を半々で見る」「C銀行は収益還元評価を重視する」となれば、融資金額も期間もまったく違うでしょう。

さらには、同じ地方銀行であっても、東京都内の支店と地方の支店ではまた違った審査基準になります。その支店長が不動産融資に積極的なのかも大切ですし、その支店の顧客層によっても変わります。

具体的には同じ1億円の売上規模があった場合、東京では決して珍しくない（むしろ小規模）と見なされますが、これが地方にある郊外の支店であれば「優良顧客」とみなされ、積極的に融資を受けられる可能性もあります。

特に支店間における格差は読者の皆さんが思っている以上にあるので、金融機関の動向をしっかりと知ることは不動産投資を優位に進めるうえで欠かせません。

サラリーマン向けのアパートローンだと、そういったことはまずありませんが、プロパーローンだと、ある銀行で融資がおりなかった、評価が出なかったとしても、同じ銀行でも違う支店に持ち込んだら融資が受けられる可能性があるのです。そこが大変なところでもあり、面白いところでもあります。

また、プロパーローンの場合、先述した通り融資を受けられたとしても審査に時間がかかるのがデメリットです。

年収や自己資金が何億円という超富裕層は早くなるのですが、数千万円くらいの方だと1カ月くらい待たされてしまいます。審査を待っている間に、購入しようとしている物件が他の投資家に取られる可能性もゼロではありません。

ライバルが多い中で一斉に手を挙げた場合、アパートローンだと3日～1週間程ですぐ決まってしまいます。逆に超富裕層の人だったら、その先のスピードで審査を通過できますし、融資を使わず現金で買う投資家もいるでしょう。

ですから、ある程度の属性の方は、物件を持っていかれないようグリップしなければなりません。方法としては、情報元の業者と付き合うことです。情報元の業者はグリップ力が強いため、融資審査を待ってもらいやすいのです。

また、あえて融資の難しい物件を狙うのも一つの手といえます。融資が難しく売れ残っているような物件であれば、ライバルは出にくくチャンスがあります。

しかし、結局のところ、一番の対策をいえば「数を多く当たること」です。確率的にはライバルに取られたり、融資が流れたりすることもありえます。そのため、審査に持ち込む数を増やすのが新規法人でも融資を受けられるコツです。

Q37 法人で借り入れがありますが、それでも融資は受けられますか？

現在、すでに借り入れがある場合に融資を受けられるか否かは、借り入れの内容と決算書によって異なります。金融機関によって基準も違いますので、現状をまとめた資料を提出していただき、金融機関ごとに判断を仰ぎます。

もちろん大前提として、決算書は黒字になっていないと厳しいでしょう。

また金融機関目線で言いますと、借り入れ内容についても、将来につながる借り入れかどうかということが見られます。

例えば、仕事がたくさんあれば、人員を確保したりオフィスを大きくしたり、場合によっては設備投資をする必要があると思います。そのとき、売り上げを見込めそうだったら金融機関も前向きにお金を貸してくれるわけです。

しかし逆に、後ろ向きな借り入れ――売り上げが下がったため借りる、ということだと金融機関の目も厳しくなるでしょう。あとは、その借り入れ自体の金額と会社のバランスシートがどうなっているのかも判断材料になります。

物件が出たら物件資料と借り入れ内容、決算書をもって金融機関をまわることになります。そのとき、「こうだったら借りられる」「難しいでしょう」など意見を言われると思うので、それをもとにその後の行動を考えるという流れになるでしょう。

Q38 赤字の法人が融資を受ける方法はありますか?

正直言いまして、とても難しいと思います。

赤字の法人や債務超過の法人・・・資産より負債が上回っているという状態では、融資を受けることはできません。

例えば、その赤字が一時的なもので、銀行に対して納得のいく説明をすることができれば、融資のチャンスがあるかもしれませんが、ほとんどの銀行は赤字や債務超過の法人に対しては融資をしないでしょう。

銀行からすれば、貸し倒れのリスクもありますし、審査基準に正当性が無ければ金融庁からの指導が入ることもあります。

大手都市銀行を舞台にした人気ドラマ「半沢直樹」（ＴＢＳ系）を覚えていますでしょうか。ドラマで金融庁の立ち入り検査が描かれていましたが、金融庁の黒崎駿一検査官と、半沢直樹の対決はとても印象的でした。ドラマの世界ですから誇張されているかもしれませんが、金融庁は金融機関に対して監督義務があります。そもそも金融庁は金融機関の検査と監督を行う目的で設立されているのです。

そのため、赤字・債務超過の法人に融資を行うことは金融庁の指導の対象にもなりえます。

金融機関からしてもメリットはなく、むしろデメリットばかり。簡単にいえば金融機関にとってリスクが大きすぎて、「わざわざ貸す必要がない」ということです。

また、赤字の理由が節税のし過ぎであれば、修正申告を行って税金を支払えば融資を受けられる可能性はあります。

第5章

どのような物件を選ぶべきか

Q39 どのような物件があるのか種類を教えてください

不動産投資には、大きなものから小さなもの、特殊なものなど様々ですが、主には次の物件に分けられます。

・区分所有マンション
・1棟マンション
・1棟アパート
・1棟ビル
・戸建て

まず、新築なのか、中古なのかで分けると、新築の場合は、当然、更地も投資対象となります。

この中で、区分所有のマンションは、当社ではあまり取り扱っていません。区分所有のマンションは、キャッシュフローが悪く融資を使って購入すると、銀行の担保評価が低いので共同担保などの余力に使いにくいからです。

ですので、やはりお勧めは1棟物件で、キャッシュフローが回る物件ということになります。


1棟物件と言っても、いろいろな種類がありますので、詳しくお話しましょう。

1棟物件は、その建物構造で、種類が分けられます。主なもので、次のような建物構造があります。

・木造　木造軸組工法やツーバイフォーなどによる木造建築がある
・S造　鉄骨造（建築物の躯体に鉄製や鋼製の部材を用いる建築の構造のこと。さらに重量鉄骨造と軽量鉄骨造に区分されます）
・RC造　鉄筋コンクリート

・SRC造　鉄筋鉄骨コンクリート

S造には、ハウスメーカーが施工する軽量鉄骨造（プレハブ工法）があります。軽量鉄骨造は、重量鉄骨造とは違い、厚さが6mm未満の鋼材を使っています。一般的には、前もって主要部材を工場で生産し、それを現場で組み立て設置する、プレハブ工法で造られています。大手のハウスメーカーが作る注文住宅や賃貸物件の多くはこの工法で造られています。

不動産投資という面で、これらの建物を比較すると、木造については、銀行の担保評価が低くいので融資が付きにくいという面があります。したがって、古くなるとある程度の自己資金がなければ購入は難しいです。特に戸建ては、事業用融資は厳しいので、物件価格が相当安いか、もしくは、自己資金に余裕のある方向けといえます。

Q40 不動産投資において、理想の物件とはどんな物件でしょうか?

理想を言わせてもらえば、利回りが高く、築浅で、銀行が融資を出しやすく、東京にある物件です。

しかし、現実にはそのような全ての条件を満たす物件はありませんので、どこで妥協していくかということになるでしょう。

利回りで妥協するのか?
築年数で妥協するのか?
東京ではなく地方物件で妥協するのか?

「不動産投資を始めたい!」というお客様と最初に面談するときには、必ず、「キャッシュフローはいくら欲しいですか？」と尋ねるようにしています。

新築なのか中古なのかという判断もそうですが、いくら新築の優良物件を見つけたとしても、手元にキャッシュフローがまったく残らないなら、なんのために投資をするのかわからなくなってしまいます。

物件を一生懸命に探しているお客様は、「不動産を買うこと」が目的になってしまっていて、いくら手元にキャッシュが残るのかという本来の目的が忘れ去られているといったケースが珍しくありません。

自分の希望しているキャッシュフローが出る物件であれば、東京都内であろうと地方であろうと、場所にこだわることはないと考えます。

Q41

「新築」VS「中古」、どちらを選ぶべきでしょうか？

結局のところ、新築、中古で比較すると、どちらにもメリット・デメリットがあります。

新築の利点は、圧倒的に手がかからないことです。所有して10年程度は修繕がほとんど発生しませんから費用や手間がかからないですし、新築は好まれやすいので入居がつきやすいのです。端的に言うと「コスト」や「空室」での悩みが少ないということです。さらに、新築であれば、木造であっても長期融資が組みやすい点もメリットといえるでしょう。


新築のデメリットは、最初は新築プレミアムで相場より高い家賃がとれるのですが、年数が経過すると、そのプレミアム家賃が下がっていくことです。

新築プレミアムによる利回り、キャッシュフローで銀行借入の返済をギリギリで組んでいると大変なことになる可能性があるのです。

その他、新築のデメリットとして、木造の場合、築10年以上経過すると、売りにくくなるということが挙げられます。

木造で築10年以上の物件は、銀行から融資を引くことが難しくなり、必然的に価格が下がりやすいからです。

中古については、新築の場合の逆になります。

まず、いろいろと修繕する箇所が発生し、メンテナンスに手間がかかります。また、間取りが古臭くて現在のニーズにあっていないなどの理由から、募集に苦労するケースが多くなります。

しかしその代わり、新築に比べて安い価格で購入できますし、家賃も安定していますす。なにより入居者がついた状態でオーナーチェンジとなるので、すぐに家賃収入を得ることができるのが魅力的です。

それぞれ、メリットとデメリットがありますので、よく研究して、自分に最適な方を選びましょう。

Q42

「木造」VS「RC造」、どちらの物件がいいでしょうか？

先ほども述べたように、木造物件の場合、築10年を経過すると、銀行からの融資が付きにくくなりますので、売りにくくなり価格が急激に下がってしまいます。

ですから、木造の場合、新築や築浅の時から中古として売却する出口まで、長期的なスパンで考えていきましょう。

とにかく、木造は値段の下がり方が激しいので、それを見越した上で、売却するまでにちゃんと元がとれるのか、手元にキャッシュはどれくらい残るのかを計算する必要があるのです。

例えば、新築で5000万円の木造物件を買ったとしても、10年後、20年後になると、3000万円になる可能性は大いにあります。

これがRC造物件となれば、木造ほど築年数で価格が下がるということはなく、むしろ、不動産市況によっては、購入時の価格よりも高く売れるケースもあるのです。

景気がよくなり、不動産市況がよくなるとRC造、S造の物件は値段が上がっていくので、キャピタルゲインを狙うのであれば、RC造とS造の物件が有利です。逆に木造は、価格は下がっていく一方という認識を持つ必要があります。

ＲＣ造のデメリットとしては、物件規模が大きくなるため、価格が高くなり銀行からの借入金が多くなってしまうということが挙げられます。

ただ、私としては、ある程度の規模の物件を購入していった方が投資効率は高まりますので、物件が大きいからといって、それが悪いとは思っていません。

またエレベータのあるＲＣ造の物件ですと、電気代などの固定費が高くなり、くわえて修繕やリフォームにかかる費用は、木造よりは多くなります。

とはいえ、これも一概に判断しにくいところで、木造は金額が安くても、家賃収入に対する修繕費や管理費の割合をパーセンテージにするとＲＣ造と大差はないのです。

これもＲＣ造の方が、物件が大きくなる分、キャッシュフローが多くなり、スケールメリットが出るためです。長期の視点でみるとＲＣ造の方がお金がかかる・・・とは必ずしも言い切れません。

木造がよいのか、それともＲＣ造の方がよいのかという話に戻ると、手間をかけてもよいのであれば中古の木造物件の方が、利回りが高い傾向にあります。ただし、キャピタルゲインを得ることは難しいでしょう。

また、できるだけ銀行から多くの融資を受けたいのであれば、RC造物件ということになります。RC造の物件であれば、不動産市況によりますが、キャピタルゲインも十分に狙えます。

また、RC造の物件で最大限に融資を引出したいのであれば、築30年までの物件が好ましいです。厳密にいえば、RC造の一般的な耐用年数は47年なので、47年－30年＝17年が、銀行からの借入期間となるはずなのですが、30年の借入期間で融資を出してくれる銀行もあるのです。

もちろん、全ての銀行が耐用年数を超える期間で融資を出してくれるわけではないですし、どのRC造物件でもよいというわけではないので、最終的には各銀行の判断ということになります。

銀行の姿勢もその時期によって大きく変わりますので、事前に確認するよう心がけてください。

Q43

「大規模」VS「小規模」、どちらの物件がよいでしょうか？

物件の規模については、簡単に答えは出せません。

大きな物件を一つ買ったほうがラクと考えるお客様と、できるだけリスクヘッジするために、小さな物件をいろんな地域で複数買っていきたいというお客様もいらっしゃいます。

私としては、不動産物件というのは、流動的であり、出たとこ勝負だと思っています。

たとえば、1億円の物件を探しているお客様がいて、もし、1億9000万円の優良物件が出てきたらどうしますか？

ある程度の規模の物件を買った方が投資効率よいですから、せっかく優良物件に巡り合えたチャンスを見逃すのではなく、検討してみるべきです。探している1億円の優良物件に必ず巡り合えるという保証はどこにもありません。

もちろん、リスクヘッジのために一棟だけでなく、たとえば、Aという物件がダメになってもBという物件で補填できることもありますので、できるだけ複数の物件で経営を安定化させたいと考えるお客様もいらっしゃいますが、もちろんこの判断も正しいです。

最終的には、「どのような物件に巡り合うことができるか」ということになるのではないでしょうか。

Q44 物件検討時にチェックすべきことは?

物件を買う場合、空室率や建物の現況などについては、実際に現地へ足を運んでしっかり調査しましょう。

一般的に言えば、もちろん空室率は低い方がよいのですが、中には、空室が多い物件を安く買いたたき、物件再生などを手掛ける大家さんもいらっしゃいます。

こういう方たちは、「自分には、力があるから空室を埋められる」と自負されている方が多く、実際、全空に近い物件をとても安い金額で購入し、空室を埋め、高値で転売をされています。私も過去に全空のビルを買って再生した経験があります。

もちろん、これは特殊な話なので、一般の投資家の方には、こういう手法はお勧めしません。あくまで一例として取り上げたまでです。


空室率については、オーナーの努力に大きく依存するので、物件を購入後に空室率が上がってしまうという可能性もあります。

オーナーが、管理会社や賃貸仲介会社などと親しくなり、良好な関係を築いていくことが重要です。

現状の管理会社や客付け業者との関係などもしっかり調べておきましょう。


建物の状態については、修繕の必要な箇所はないか、また、大規模なリフォームをしないといけないかなども、十分調査してください。

基本的には、初心者の方であれば、必要な修繕や最低限のリフォームがあらかじめ終わっている物件のほうが好ましいです。

後に修繕などが次々に発生するような状況では手間がかかり、かつ心理的な負担にもなります。さらに、その都度、資金調達に悩まされることになります。

これが、実績を積んだベテランの投資家になると、自分で気に入ったリフォーム業者でしたい、という希望も出てきます。

たしかに売主が売却するためだけの目的で施したリフォームでは、近隣のライバル物件と差別化することは困難であり、賃貸募集でも苦戦することになるので近隣の賃貸ニーズなどをリサーチし、自分自身で、他のライバル物件と差別化できるリフォームを企画し、勝負したいという考えもあると思います。

この場合、それらの修繕やリフォーム費用も加えて、利回りを算出し直す必要があります。それらの費用を織り込んだとしても、利回りがよければ、購入するべきといえるでしょう。

銀行に対しても、これらの修繕やリフォーム資金を必要資金として前もって申請しておけば、その分を加味して融資を受けられる可能性もあります。

くれぐれも「リフォーム費用を加えると採算が合わない」という物件は避けてくだ

さい。

少なくとも、物件購入後、当初想定していなかった修繕が次々と発生すると、キャッシュアウトしてしまうという悲惨な状況に追い込まれることにもなりかねないので、事前調査は綿密に行いましょう。

それでも、購入後に建物の瑕疵が見つかる可能性はゼロとは言い切れません。

中古物件の場合、売主の瑕疵担保責任が、契約により免除されている場合が多いです。特に売主が個人の場合は、そういうケースが大半ですので注意が必要です。

中古物件では、築年数がある程度経過していて、瑕疵があることもある程度予想されるため、たとえ瑕疵があったとしても、瑕疵担保責任の期間内でも売主に瑕疵担保責任の請求をすることはできないのです。

したがって、中古物件を購入する場合は購入前に物件をよく調べておきましょう。心配があれば最低でも3カ月は保証してもらうよう交渉してください。もちろん、保障期間は長い方が、買主にとっては有利です。

なお、売主が不動産業者の場合は、瑕疵担保を免責にするとか、期間を短くするなど、買主に不利な特約は無効とされます。

目的物の引渡日から2年以上とする契約をする以外は、瑕疵を発見してから1年は責任を負うという民法の原則に従うことになりますが、そのケースは少ないです。

売主が不動産業者の場合は、ほとんどのケースで、瑕疵担保責任の期間を引き渡し日から2年にしています。中古物件で建物の瑕疵が心配というお客様は、売主が不動産業者の物件の方がリスクヘッジになります。

新築物件の場合、建物を売る側は、当然、業者となります。

平成12年4月1日から施行された「住宅の品質確保の促進等に関する法律」により、10年の瑕疵担保期間が義務化されました。

しかも、売り主側が倒産などにより、瑕疵責任を履行できなくなる事態を防止するため、業者はあらかじめ供託金を積むか、保険に加入することが義務化されました。

これによって、売主の業者が倒産したとしても、瑕疵担保責任が確実に履行できるようになったのです。

建物の瑕疵がどうしても心配ということでしたら、新築物件を検討してみましょう。

Q45 購入時、空室率はどれくらいまで許容すべきですか？

大前提の条件として、満室に近い状態、または少なくとも7割～8割入居している状況でないと検討すらしないでしょう。半空（半分以上が空室の物件）など、空室率の高い物件は買いたくないと思います。

ただ半空になっている理由が明確であり、購入後、募集をすればすぐに埋めることができるという物件なら何の問題もありません。たとえば、「オーナーが高齢で、募集を止めていた」「息子さんや娘さんが相続の関係で建物を取り壊す目的で、募集を止めていた」などの理由がある場合です。

そういう物件を埋められて安く買える根拠がない場合、基本的に半空の物件は避けるべきだと考えます。

需要があるからこそ、7割～8割以上の入居率を確保できるわけで、半空ということは、なにか欠陥がある可能性が高いからです。

中には悪質な不動産業者に騙される形で、半空の物件を購入してしまったケースもあります。あえて空室率の高い物件を購入して再生して、高収益物件につくり出す投資手法もありますが、問題となっているのは、不動産投資にまったくの素人のサラリーマンが半空という事実を知らないで購入したということです。

一部上場企業の子会社にお勤めされている高年収の方で、手持ち資金がゼロにもかかわらず、何億円もの融資を引けたことから、購入に至ったそうです。ほぼ満室という話を聞いて購入したにも関わらず、購入後、借入返済のために毎月50万円程度の持ち出しをしています。

このケースでは、売り主側の物件を管理している管理会社と買主側の仲介業者が結託して、買わせたいがための、いろいろな工作をしていたとのことでした。おそらく、ベテランの不動産投資家の方であれば、半空物件であることは、すぐに見破っていたことでしょう。

先方の管理会社に電話をして確認すればよいと考える人もいると思いますが、対象物件を管理している管理会社が仲介業者の子会社や関連会社であるケースもありますので、注意が必要です。こういった目に合わないためには、くれぐれも信頼のおける業者を選びましょう。

また、本来であれば、半空の物件に大幅な融資を出す銀行はないはずですが、今は、金融緩和によって審査もかなり緩くなっているため、このような事態が発生する可能性が高まっています。悪徳業者に騙されないようにするためにも、私の面談に一度お越しいただくのが良いと思います。

Q46

融資期間が延びやすい物件はありますか？

基本的には、残耐用年数が長い物件は長期間の融資が受けられる可能性が高いです。法定耐用年数が47年あるＲＣ造物件をはじめ、木造の新築アパートは法定耐用年数22年ですが、金融機関によっては30年の長期融資を出すケースもあります。

また、築年数が進んだ物件であっても「劣化対策等級」をとっていると融資の年数が延びるケースがあります。

「劣化対策等級住宅性能表示制度」とは、建物の構造部分に用いられる木材のシロアリ対策や鉄筋の錆び対策や住宅を長持ちさせるための対策の程度を示す等級です。劣化対策等級には以下があります。

●劣化対策等級

等級1・・・建築基準法が定める対策が講じられている

等級2・・・2世代（50年～60年程度）まで長持ちするように対策が講じられている

等級3・・・3世代（75年～90年程度）まで長持ちするように対策が講じられている

Q47 経営者に向いている物件はどんなものですか?

どんな物件を購入すべきか――それは、同じ経営者であっても異なります。

毎月のキャッシュフローがほしい方であれば、レバレッジをかけやすい（長く、多額の融資が受けられる）物件、つまり新築もしくは築浅のＲＣ造やＳ造の一棟物件でしょう。

木造がＮＧというわけではありませんが、ＲＣ造・Ｓ造と比べると耐用年数が短いので最高でも新築の22年です。

それに対して、ＲＣ造であれば47年、Ｓ造であれば35年の耐用年数があります。ですから、木造で融資を受けるのであれば、できるだけ築年数が短いものを選ばないと融資期間が延びません。

また、先述しました劣化対策等級という住宅性能法表示制度の対策を講じた木造は融資期間が延びる金融機関もあります。

立地で言うなら、ある程度の利回りを考えると、都心の一等地というのは現実的ではありません。全国に目を向けて、受給バランスが崩れていないエリアの物件を狙うべきでしょう。また、普段取引のある銀行があるエリアでもいいいと思います。

一方、年収が億円単位で「キャッシュフローは必要ないが、一等地の物件がほしい」という方もいるでしょう。

当社で仲介した投資家さんで、45歳くらいの経営者がいます。その人は都内、名古屋、福岡などの一等地の物件を、融資20年くらいで購入しました。

立地が良いということは、必然的に利回りが下がります。実際、キャッシュフローがまったく出ない物件もありました。

しかし、その投資家さんは本業でかなり稼いでいましたので、キャッシュにこだわりはないという考え方です。

20年後には、それまでの家賃収入でローンを完済しているので、無担保で資産が手に入ることになる。そう考えたわけです。

もしくは、相続対策をきっかけに不動産投資を始める経営者の方もいます。

こちらは私の知り合いの経営者の方で、数億単位の資産をお持ちで相続対策に関心がありました。

青山、表参道、神宮前など都心の一等地にある物件を利回り5％前後で購入しました。毎月キャッシュフローでみれば、ローン返済と賃料でプラスマイナスゼロの状況です。

それも、子どもの名義で法人をつくり、その法人で購入しました。最悪赤字になったとしても、持ち出せる現金があるので何の心配もない、ということでした。

たしかに何十年後かにその不動産が手に入るのですから、むしろ資産の組み替えとしては正しい選択と言えるでしょう。

Q48

経営者は1棟目に
どんな物件を購入したらいいでしょうか?

複数棟を買い進めるつもりであれば、1棟目は自己資金を残せる物件がいいでしょう。

自己資金が残せる物件がどんな物件なのかは、その経営者の資産背景や年収、年齢など総合的に判断されます。なぜなら、同じ銀行でもAさんの金利は1%台ですが、Bさんの金利は2%台ということもあるからです。

また、「不動産投資をやるからには、毎月のキャッシュフローが欲しい」と考える人は、経営者であっても多いでしょう。

その場合、最低1億円以上の物件を狙う必要があります。

あくまで目安ですが、1億円の物件を購入すると、年間200万円のキャッシュフローが出るくらいだからです。5000万円の物件であれば、単純計算で年間100万円しか手残りがありません。

これは別のところで回答していますが、経営者の方は個人ではなく別法人を設立し、その法人名義で購入したほうが圧倒的にメリットを手にできます。

しかし、法人を設立するには約15万円、毎年の維持費として約20万円が最低でもかかります。ですから、5000万円の物件だと初年度は約15万円、2年目以降も年間約70万円しか手残りが残りません。かなり物足りない気持ちになるでしょう。

したがって（もちろん年収などによって一概には言えませんが）、一棟目は最低1億円以上、理想は2～3億円の物件を狙うべきなのです。

Q49 1棟目を購入するときの注意事項はありますか？

1棟だけ購入することがゴールではなく、複数棟を買い進んでいくつもりならば、1棟目はできるだけ自己資金を残して購入すべきでしょう。

たとえば、自己資金1500万円の人が地方の築古アパートを現金購入することは可能ですが、それを買って現金がゼロになってしまっては2棟目以降の買い増しができません。それならば、なるべく自己資金を温存しつつ、レバレッジを効かせて行く方が次に繋がるのです。

このように買い進める意味でも現金は大切ですが、取得後に想定外のトラブルで不意の出費が必要となる可能性もあります。そういったときに現金を持っていれば、リスクに対処できます。つまり、規模拡大だけでなくリスク軽減のためにも現金を持っていることが非常に重要なのです。

Q50 どこのエリアが狙い目ですか？

人口減少、空室率上昇なども相まって、リスクを避けようと都心の好立地物件を多くの人が求めています。そういう意味では、やはり都心の駅近物件が人気といえるでしょう。

とはいえ、数年前から不動産投資ブームは加熱の一途をたどっており、ある程度年収が高いサラリーマンでも、都心の駅近物件で買えるのは、規模の小さい区分マンションだけです。

規模が小さく利回りも低いと、毎月のキャッシュフローは雀の涙ですので、結果として、都心から神奈川、千葉、埼玉へ、さらなる高利回りを求める人は群馬、栃木、茨城へという流れが続きました。これが、ここ3年くらいの話です。

しかし、最近この流れが変わってきています。

これまで千葉県や北関東エリア、全国の主要中核地方都市の物件を購入するのは、都内在住のサラリーマンが多数派を占めていました。年収は１０００万円くらいで上場会社に勤めており、利回り10％超・築20年前後のＲＣ造物件をフルローンで購入する——これがよくあるパターンでした。

ところが最近では、その地域で働いている投資家たちが積極的に購入しています。

大手コンサル会社の支社で働いている、全国各地に営業所がある保険会社に勤務している、地元で医師として開業している、という年収１０００万円以上の人たちが増えているのです。その理由は地方銀行や信金・信組が使えるからです。

地方銀行の融資は、地元に地縁にある人が有利ですので、同じ年収1000万円で東京在住よりも、そのエリアで生活をしている人のほうが良い条件で融資が受けられます。

現在、もし東京在住の人が同じ土俵で勝負するのであれば、年収2000万円くらいないと厳しいでしょう。それくらい、地方在住か東京在住の違いは大きいのです。

ちなみに、年収が700万円くらいでも、地方在住であれば融資は十分受けられます。

つい最近のことですが、広島県でお勤めの年収300万円の方が10億円分の融資を信組から引いたという話を聞いたことがあります。東京ではまずあり得ない話だと思います。

六本木でセミナーをよく開催していますが、それにも増して地方セミナーを開いています。情報を求めている地方投資家の数が増えているのが実感としてもあります。

では、東京や大阪の物件は誰が買っているのかというと、年収2000万円以上の方が大半です。これは以前とそこまで変わりません。

とある外資系の証券会社に勤めている年収3000万円の投資家は、2年で60億円以上分購入しました。この方はサラリーマンではありますが、預金も多く、いわば超富裕層です。

このように、都市部の物件を購入できる人たちは年収制限がかかってきていて、年収をクリアしている人は変わらずたくさん買えているということです。

Q51 エリア選びのコツ、投資エリアの定義とは？

「首都圏でないとダメだ」「政令指定都市または県庁所在地でなければ買いたくない」など人によってこだわりは違うでしょう。

しかし、私としては、不動産は個々の物件ありきで考えていますので、あまり「どこの地域だからお勧め」という考えはありません。

これは人と同じです。東京に住んでいる人が全員いい人たちなのかと言えば、決してそんなことはありません。だから、いい人を探していく、いい物件を探していく・・・そういう考え方なのです。

東京にも良いエリアがあれば悪いエリアもあります。供給が多すぎて、なかなか客付けができないエリアがあるので一概に東京だからいいというわけではないのです。ただし設備が良く、入居者のニーズに対応した良い物件であれば、悪いエリアでも問題ないでしょう。

地域ではなく物件で選ぶのなら、対象にするのは繰り返しになりますが、RC造とS造、それと木造であれば築10年以内の比較的新しく、設備の良い物件をお勧めしています。木造で10年以上だと、銀行の融資がなかなか付きづらいといえます。

不動産投資は、基本的に銀行の融資が付かないとスタート地点には立てません。ですから、「どの地域がよいか」というよりも、銀行融資を使うなら「どこにある物件なら銀行の融資が付きやすいか」という視点で考えるべきなのです。

加えて、その物件がどの程度の収益を生み、最終的に利回りが合うかどうかも検討する必要があります。

銀行の貸出金利が1％であれば、借入期間がどれくらいになるかもありますが、イールドギャップから逆算して、6％以上の利回りがあれば返済していけると判断します。そして、7％以上の物件を探していくのです。

それぞれの銀行の担保評価の特徴や、どのエリアなら融資が出やすいのかを、すべて個人で把握することは不可能ですから、銀行情報に詳しい業者と強いパイプを持つことが大切といえます。とにかく、業者によってレベルがかなり違ってきますので、できるだけ優秀な業者を見つけましょう。

優秀な業者であるかを見抜くためには、まずコンタクトをとってみましょう。そして、紹介できる銀行が1～2行しかないのであれば、ちょっと厳しいと判断してください。

当社では、東京はもちろんのこと、購入物件が秋田であれば、秋田にある銀行も紹介することができます。全国にある様々な銀行を使った実績もあります。当社に限らず銀行の情報を多く持っている業者と付き合ってください。

Q52 会社や自宅から近いエリアの物件にこだわってはいけませんか？

どの場所で行うのか、物件をどのエリアで購入したらいいのか・・・不動産投資を行う上で、この点について悩まれている投資家は多いでしょう。

不動産を購入するにあたって、自分の住んでいるエリアの近くや自分の実家の近隣や地縁関係など、土地勘のある地域に限定して物件を探す方は珍しくありません。

こういった堅実なスタンスを否定するつもりはないのですが、決して良いことではないといえます。

なぜなら、自ら不動産投資の可能性を狭めることになるからです。

購入したい物件が土地勘のあるエリアにあればいいのですが、現実はそんな甘いものではありません。逆に、良くない物件、今ひとつと思う物件しかないのに、妥協して近隣の中から選んでしまうという危険性もあります。

不動産投資は、物件と立地の良し悪しで成否が決まると言っても過言ではありません。もし、良い物件が出ればエリアをこだわらずに購入した方が成功しやすいのです。購入後には、物件管理を管理会社に任せることになります。リフォームや定期清掃といったこともすべてアウトソーシングができるため、家から近くなければならない理由はありません。

ですから、物件の場所は基本的に全国区でよいと思います。

中には近隣にある物件でないと、見に行くこともできないし、地域の賃貸相場や賃貸事情をつかみづらいと心配される方もいるかもしれません。

しかし、最近はインターネットの発達により、たとえばGoogleマップのストリートビューを使えば物件を確認できます。また、周辺をストリートビューで巡回すれば、物件周辺の雰囲気もわかります。

結局のところ、もし対象物件が自宅の近隣にあったとしても、やるべきことは同じなのです。

Q53

都心（もしくは首都圏）の物件がほしいのですが、買えますか？

収益物件を買うのであれば、東京の都心（もしくは首都圏）で買いたいという投資家はとても多いのですが、誰でも買えるというわけではありません。

都心は物件価格も高く、東京23区内でＲＣ造マンション、表面利回りが６％台で３億円程度の物件でも、物によっては一瞬で売れます。

どういった人なら買えるのかといえば、年収は３０００万円以上、自己資金も数千万円はあって、さらに借入金もそれほどない人に限定されてきます。

それに合致している経営者であれば、都心の良い立地に絞って、収益物件を購入していくのも一つのやり方です。

Q54 地方物件を購入するのはリスキーでしょうか？

地方だからよいとか悪いという話ではなく、それこそケースバイケースの話なのですが、買ってはいけない地方のエリアが存在することは間違いないです。

例えば、札幌市のとある区の物件は、「絶対に買ってはいけない」と言われています。しかし実は、その区の中でも最高に良いエリアもあるのです。

そのエリアの物件を持っていれば、必ず埋まり空室は出ないというエリアもある訳です。

エリアを決めるうえで重要なことは、需給バランスです。もちろん、この地域にはファミリータイプの物件が供給過剰でシングルタイプの物件がない、だからこそ、シングルの需要がある・・・といったような、どんな物件が良いかまでしっかり把握することも大切です。

札幌の某区の物件は買ってはいけないと本に書いてあった、インターネット情報に書いてあった・・・そのような情報を鵜呑みにするのではなく、「実際はどうなのか？」ということをしっかり調べましょう。

Q55 地方投資の注意点はありますか？

地方での注意点をいえば、やはり「正しい情報を収集して、しっかり判断する」ということに尽きるでしょう。同じ町内なのに通りが一本違っただけで、「良い」「悪い」の落差が激しいエリアはたしかに存在します。

地元の人なら常識であることが、東京の投資家にすれば知らないことが大半です。街としての人気もありますし、住民の属性も良い、逆に悪いといった治安にも関わる情報、その他、地盤がゆるい、大雨が降ったときに水はけが悪いといったような情報もあります。

その地方ならではの慣習や商習慣というのもあるでしょう。広告費ひとつとっても、ゼロの地域もあれば、逆に3カ月～4カ月はかかる地域もあります。その辺は事前にしっかりリサーチしておく必要があります。

また、地方の場合は東京などと比べて仲介業者や管理会社の数も少なく、地元密着型ですから、購入後のことも考慮して、良好な関係を維持していかなければなりません。

Q56 避けるべき地域はありますか？

やはり、今後も人口が減少していく地域というのは避けるべきといえるでしょう。

人口が減少していく地域といえば、日本全国あちこちにありますが、例として、長野県であれば、長野市や上田市はまだよいと思います。

これが、〇〇郡と付くような場所では、人口が減るだけでなく高齢化が急速に進んでいる地域である可能性が高いので、避けた方が無難でしょう。

できれば人口50万人以上の都市が好ましいですが、岐阜市のように、人口が50万人以下でも買ってよい都市もあります。

岐阜市の場合、お隣に名古屋市がありますので、名古屋に通勤される方も多くて入居率も高いのです。

このように人口が少なくてもよい地域はあるので、あとは地元の不動産屋などへリサーチしていく必要があります。

その他、地元住民が治安が悪いという理由で住みたがらないエリアは避けるべきでしょう。

また、地域というわけではありませんが、反社会勢力の団体がいるようなエリアは、地元の人でも住みたがらないので選択肢からは外しましょう。

あとは、特定の企業や大学へ過度に入居者を依存しているような地域はお勧めできません。

最近では、不景気により大手企業でも倒産、または工場の撤退という可能性もあり得るため、入居者を依存していると大変な目に遭いかねません。

また、倒産はしなくても、工場の海外移転などにより、人がいなくなるケースもあります。実際にリーマンショック後、工場閉鎖や、工場が残ったとしても大規模な派遣切りが行われた結果、法人で一括借り上げをしてもらっていた賃貸物件が一斉に契約解除され、全空となってしまったケースが数多くあるのです。ただ、逆に最近は戻ってきているエリアもあります。

大学も例外でなく移転をすることがあります。

移転をしなくても、その大学自体で大規模な寮を建築し、安価で学生に貸し出しして、家賃相場が大幅に下がってしまったエリアも実際にあるのです。

このように、ある特定の企業や大学などに依存していると、大打撃を受けるリスクがあります。これが一旦起きてしまえば需給バランスがくずれ、大幅に家賃相場が下がってしまい、最悪、空室を埋められない事態も起きかねないのです。

最後に、自然災害の多い日本ならではの話になりますが、地震の多い地域で将来的に大地震が予想される地域、または津波や洪水の水害が起こりやすいエリアの物件は、購入すべきかよく検討してください。

リスクのある物件をあえて購入するという方は、しっかりと火災保険や地震保険のことを勉強して臨んでください。

火災保険や地震保険は、保険代理店から言われるままに建物の時価で保険を掛けることが多いですが、実は建物の新価で掛けることもできることをご存知でしょうか。

建物は、古い物件になりますと時価が低くなり、一般的にその時点での評価額までしか保険を掛けることができないのです。

したがって、もし災害に遭われたとしても、もらえる保険金が少ないので損害を補填できないことも十分にあり得るのです。

しかし、建物の新価実損払いの保険を掛けていれば、新築に必要な金額が補償されます。もしも被害に遭われたら、新築と同様の建物を建てることができます。

また、自然災害だと、地盤沈下などの被害も深刻な問題です。購入した物件が地盤沈下で崩壊するとなれば大変なことに陥ります。

これらリスクのある地域を避けるのか、それとも火災保険や地震保険などにより、リスクヘッジをしながら積極的にやっていくかは、最終的に投資家の判断によります。

第3部
運営編

管理運営編は物件を購入した「その後」です。不動産投資初心者にありがちなのは、買うことに夢中になって、買うためには行動ができるけれど、買ったあとの行動がなかなかできない・・・というケースです。不動産投資で安定的な収入を得るためには、空室率を減らし高稼働させて、適切に建物をメンテナンスし、なにかトラブルが起これば解決する必要があるのです。

第6章は、管理運営についてです。アパート・マンションの管理といっても様々な業務があります。それらをまかせる管理会社の選定は、管理運営の肝となります。管理会社の種類や選び方から、入居募集について、また、大規模修繕やメンテナンス。起こったら困るけれど、可能性はある「入居者の死」や「家賃滞納」といったトラブル対応についても解説します。

第6章

管理運営は誰に任せるのか

Q57 どのように管理を行えばいいでしょうか？

賃貸管理には「物件管理を自主管理で行う場合」「管理会社などの業者に管理委託をする場合」があります。管理といえども、やることは広範囲にありますので、本業のある経営者の方は、管理会社に管理委託をされる方がよいでしょう。

ここで管理業務を紹介します。まず、部屋の入居者を募集するために客付け会社へ依頼、そして、家賃の回収といった集金業務を行い、滞納があれば督促などを行います。退去者が出ると、その立会いや清算、原状回復工事の手配をします。その他、建物の修繕を業者に発注や、エレベータの点検や消防設備の点検など、それぞれの業者に発注をします。そして、物件清掃のため清掃業者へ依頼をします。

エントランスや廊下、階段など共有部分の電球切れといった日常の小修繕や、入居者からのクレーム対応、なにか事故などの緊急事態が起こったときの緊急対応もします。

管理会社に管理委託をすれば、これらの仕事をすべて引き受けてくれますし、管理会社が連絡窓口となりますので、オーナーにいちいち問い合わせや連絡が来ることはありません。管理会社からは毎月報告書を受けとるだけです。

また、すべての管理会社ではないですが、家賃引き落としサービスを行っている会社もあります。家賃の支払い方法は振込が多いですが、引き落としにすることで入居者の入金忘れによる家賃の滞納がなくなります。

この家賃引き落としサービスでの管理会社の仕事は、銀行に各入居者さんの引き落とし伝票を提出することです。督促などの手間がなくなり、管理会社としてもメリットがあるのです。

Q58

管理会社には、どんなタイプの会社がありますか？

管理会社には、古くから地元密着型でやっている古参の管理会社や、全国展開している大手業者などさまざまです。

管理委託の手数料ですが、家賃収入の5％が一般的な相場だと思います。安ければ3％のところがあるようですが、5％が多いでしょう。

例えば、10部屋あるＲＣ一棟マンションで、6部屋に入居者がついている場合、その6部屋分の家賃に対して5％の管理手数料をもらうという仕組みです。

しかし、中には、10部屋のうち6部屋しか入居していないのに、満室時（10部屋）の家賃収入の5％を手数料としてもらう契約の管理会社も存在します。

前者の場合は、自分たちの管理手数料を増やす観点からも、必死で空室を埋めようと営業努力を続けてくれるのですが、後者の場合は、埋まらなくても、管理手数料が変わらないので、あまり熱心に営業をしてくれないケースもあるのです。

また、収益物件専門の仲介業者の中には、管理部門がある会社もあります。売買仲介を担当したということで、元々の管理会社についで物件の情報を把握していますから安心もできます。物件購入した際は、売買仲介の業者に管理を委託できないか確認してみましょう。


結局、どういった管理会社がよいかは一概には言えませんが、決めるポイントとしては、前述した客付け力や物件管理のきめ細かいサービスなどが重要です。大手の賃貸仲介業者だから必ずよいわけでもないですし、地場に強い管理会社でも、良いところや悪いところもあります。

中には、水戸市のように2社の地元密着型の客付け業者でないと空室を埋められないといった特殊な地域もありますので、しっかりリサーチしましょう。

Q59

管理会社を選ぶポイントはありますか？

管理会社を選ぶポイントは、空室を埋められる集客力や営業力があるか、です。

管理会社によっては、部屋の募集情報を他の仲介業者に流さず、自社で囲い込んで、客付けを独占してしまっていることもあります。

賃貸募集というのは、できるだけ幅広く情報を拡散することが望ましいです。

かつて入居希望者は客付の仲介業者の店舗に訪れて、空室の情報収集をするのが一般的でしたが、インターネットやスマホの普及によって部屋探しの方法が大きく変化しました。

昔のように近隣の不動産業者を訪ねて足で探すというスタイルではなく、インターネットから賃貸情報を絞り込み、気に入った物件をチェックして、それを扱っている業者に連絡してから訪問するケースが多くなっているのです。

したがって、管理会社で募集情報を囲われてしまうと、インターネットから賃貸情報を探しているお客様にヒットする確率が減少します。集客力がとても強い管理会社であれば問題ありませんが、そうでない場合は、なかなか空室が埋まらないといったことも起こります。

また、客付けをする仲介業者や管理会社は、家賃保証会社と複数契約しているところがあり、中には、10社程度の保証会社と業務契約しているところもあります。保証会社によってはフリーターを保証してくれるところや、外国人を専門に保証してくれるところがあります。そのような保証会社を使い分けることにより、顧客層を拡げられるわけです。

いずれにしても、管理会社を選ぶポイントは、まず客付け力の強さです。

もちろん、物件の管理、サポートもきちんとできることが前提です。

最近だと、トラブル用のコールセンターとリーシング用のコールセンターの2つを備えている管理会社もあります。

トラブル専用のコールセンターは、24時間、入居者からの苦情や緊急連絡に対応しています。リーシング専用のコールセンターは、24時間対応ではありませんが、全国の仲介業者から一斉に管理会社に問い合わせが集中するとパンクする可能性があるので、ある程度コールセンターで交通整理をしてくれます。

リーシング専用のコールセンターでは、電話で入居がスピーディーに進むように、入居の申込みまで受け付けし、その後の審査や契約手続きは管理会社が担当することになります。

入居者に火災保険への加入を条件にしている場合、その手続きも管理会社が行うことが多いです。最近だと、家賃保証の保証会社への申込みと火災保険の申込みがセットになっていて、一つの申込書で両方の申込みができるようになっています。

また、手続きの効率化で、火災保険は自動更新になっており、2年経過して更新手続きを忘れるということも起こりにくくなりました。

Q60 修繕が必要な場合、管理会社はどんな対応をしますか？

入居中の部屋の設備が急に壊れた・・・といった場合、いかにスピードをもって対応するのかが入居者の満足につながります。

あらかじめ管理会社とオーナーで話し合い「3万円以下の小規模な修繕なら管理会社の判断で即対応する」などと取り決めをするようにしましょう。

そうすることにより、管理会社も迅速に動けます。それ以上の金額の修繕では、オーナーにお伺いをしてからやることになります。

Q61
管理会社を変更する場合は、どうすればいいでしょうか?

管理会社を変えたくなったら、まず管理契約書を確認しましょう。

中古の物件を購入した場合、それまでその物件を管理していた管理会社にそのままお願いする場合が多いです。物件の状況がわかっていますし、また、入居状況や個々の契約についても把握しているはずですので、引き継ぎがスムーズにできるでしょう。

ただ、しばらく経つと、その管理会社の仕事ぶりや客付けに疑問や不満を持つようになり、新たな不動産管理会社を探すというケースも珍しくないようです。

そのときは、管理契約書の内容をよく確認します。「半年前に契約解除の申し出をすること」という内容が入っていれば、それに従って契約解除の手続きを行います。

Q62 入居募集は誰がするのですか？

入居募集（客付け）は、賃貸仲介業者が行います。複数の仲介業者を利用する場合、自主管理では、全ての業者に連絡をとらないといけないため、とても手間がかかります。

管理会社に任せれば、物件ごとに業者リストを作成し、依頼から諸連絡まで、全て管理会社にきめ細かく対応してもらえます。仲介業者との関係も親密ですし、客付けに関する様々な有益情報も入手できますので、オーナーにそれをフィードバックしてもらえます。

Q63

空室対策はどうしたらよいでしょうか？

空室は立地に問題があったり、建物構造や間取り、築年数などで敬遠されたり、あるいは物件設備が老朽化して、今のニーズに合っていないから不人気という問題で発生するケースが大半といえます。

しかし実は、空室リスクは、買う段階でリサーチすることによって、ある程度軽減ができます。まず買う段階で以下について確認してください。

・空室がどれほどあるのか
・きちんと募集されているのか
・募集に対して、どの程度の問い合わせや反応があるのか
・空室がある場合には、想定家賃が高すぎないか

これらをリサーチして、その物件のポテンシャルを把握しましょう。

あとは、近隣の賃貸不動産業者、大手チェーンのミニミニ、エイブルなどの業者から地場の業者に電話をして、この間取りの物件なら家賃相場がいくらで、募集条件がどんなものなのかをヒアリングします。

その際、募集条件についても必ず確認してください。敷金・礼金の有無と相場、ＡＤと呼ばれる業者に支払う広告宣伝費は、「何カ月分で客付けができますか？」とヒアリングすれば、ある程度の感触はつかめるはずです。

加えて、インターネット検索でどのようなライバル物件があるのかを確認し、間取りや設備、立地や家賃などを事前に調査しておけば、ある程度は、購入物件の空室が埋まるかどうかがわかるでしょう。リサーチの結果、対策の打ちようがなければ、その物件は買わない方が賢明です。


続いて、物件購入後の空室対策です。購入する前に、競合する物件がどの程度あって、どのような条件で募集しているかをしっかり調査しておけば、購入時点で空室を埋められるかどうかの予想はできていたはずなのですが、不幸にも予想がはずれ、空室が埋まらないこともあるでしょう。

こうなってしまうと、どういう条件にすれば空室が埋まるのかと考えていくしか方法はありません。

フリーレント、初期費用の軽減といった入居しやすい条件にする方法もありますし、部屋に家具家電を付ける、ペット可にするなどして、新たな賃貸の需要を掘り起こすなどの工夫を凝らす必要があります。

空室対策には様々な方法がありますので、空室を放置せずにその原因をつきとめ、管理会社と協力をしながら行動を起こしていくことが大切です。

Q64 家賃を滞納された場合は、どうしたらいいでしょうか？

入居者による家賃滞納も、大家さんにとっては頭の痛い問題です。基本的には、入居者を審査する時点で滞納するような人を排除するしか方法はないといえます。

家賃滞納が起きたら、基本は管理会社に解決してもらいます。

現在は、入居時に家賃保証会社への加入を必須としているところが多く、家賃滞納が起こった際には保証会社に代位弁済請求を行い、オーナーへの送金は滞らないようになっています。そして、代位弁済後は、保証会社から入居者へ督促し家賃を回収します。

これが保証会社に加入していなかった場合は、管理会社が督促をします。督促をする場合も、一応のルールは決めてある場合が大半です。ちなみに当社の場合ですと、1カ月目の滞納が発生すれば、電話もしくは郵便での督促を行います。

2カ月目になると、入居者と保証人の両者に電話、もしくは郵便で督促します。3カ月目になると、内容証明郵便という形で、法的にかなり厳しい言葉を使って入居者と保証人に督促します。ここまで来ると、完全に入居者との信頼関係は崩れてしまいます。

それでもダメな場合は、司法書士や弁護士がやっている法律事務所に回収の依頼をかけます。

保証会社についてですが、先述したように、複数の家賃保証会社と取引をして、入居者の層を拡げている管理会社も増えています。例えば、フリーターを専門に家賃保証をする会社や、外国人専門に家賃保証をする会社がありますので、そこを使うことで、今までなら対象外であった入居者の層を拡げてリスクを軽減することができるのです。

外国人専門の保証会社の中には、英語の翻訳や通訳サービス、入退去のサポートまでしてくれる会社もあるようです。ただし、過去にも外国人専門に家賃保証をしてくれた保証会社はありましたが、不景気などで倒産してしまい、結局、家賃保証の契約を履行してくれなかった例がありますので注意が必要です。

生活保護を受けている人であれば、公的保障で家賃が支払われるので、家賃の滞納はないと思われています。市役所から直接家賃が振り込まれる「代理納付」の場合なら滞納はありません。ただし、役所から直接振り込むには、本人の承諾が必要で本人が断った場合には、それはできません。ですから、現実には生活保護を受けている人でも家賃滞納の可能性があるのです。

Q65

問題入居者がいた場合の対処法はありますか？

騒音や異臭、近隣に迷惑をかける問題入居者がいることがあります。先ほどの家賃を滞納する人、難癖をつけ、クレームや要求が多い人も大家さんにとっては問題入居者です。

また、中には、廊下や階段などの共有部分に私物の荷物を置いて、消防法上、問題になることがありますし、ゴミ出しのルールを守らず、迷惑をかける入居者もいます。

中でも特に困るのが、反社会勢力の方といえます。こういう場合も、管理会社がメインで解決していくことになりますが、なかなか、一発で早期解決というわけにはいかないでしょう。

例えば、ゴミの出し方で、燃えるゴミと燃えないゴミを出す日が決められているのにもかかわらず守らない入居者もいます。こういう場合は、その建物に入居されている方全員に対する注意事項として貼り紙をします。

問題入居者をあまり刺激しないように、入居者全体の問題として注意書きを貼り出すのです。「最近、ゴミの出し方が悪く、散乱して汚くなることがありますので、皆さんよろしくお願いします」というイメージです。

しかし、これでもよくならない場合は、少しずつ注意対象者の範囲を狭めていきましょう。

例えば、「2階にお住まいの入居者様の中で・・・」という風に、住んでいる階を絞り込んで注意喚起をするのです。それでも効果がなければ、直接電話をして注意します。電話をしてはじめて、「自分のことだったんだ！」と気付く入居者もいます。

騒音により周りに迷惑をかけている入居者に注意をする場合も、いろいろと気を遣います。

例えば、その部屋の真下の入居者から「音が響いてうるさい」というクレームがあったとしても、「周囲の方が、そうおっしゃっていました」と伝えるだけで、どこからのクレームかは、言うべきではないのです。

駐輪場の使用マナーの場合も、バイクの置き方が悪いと直接、本人へ口頭で注意するよりも、まずはバイクに「所定の場所へ置いてください」と貼り紙します。

あとは、定期清掃の業者に、毎回そのバイクの置き方を見てもらい、注意事項を守っていなかった場合は、日付や時間などをしっかりと記録してもらい、できれば証拠として写真を撮っておきます。

どうしても注意事項を守ってもらえなかったら、こういう記録や証拠を本人に突きつけて理解を得たというケースもあります。とにかく、できるだけ直接的ではなく、本人自らが気づくように注意喚起に工夫していくことが大切です。

なお問題入居者を強制的に退去させることは困難です。旧法による借家契約では借りている人の権利がとても強く、退去させる正当な事由でもない限り不可能なのです。

正当な事由とは「賃貸人（オーナー）がどうしてもそこに住まなくてはならない」「建物が著しく老朽化して居住するには危険」といったやむをえない理由で、それを証明しなければなりません。しかも、たとえ正当な事由があったとしても、その手続きには6カ月はかかります。

問題入居者がいる場合、解決には時間がかかりますので、管理会社を通して、弁護士などのプロと相談しながら粘り強く解決策を探っていくしかないでしょう。

こういったトラブルの可能性は、どんな物件にもありえることです。いざというときのためにも、賃貸経営のパートナーである管理会社選びは慎重に行ってください。

Q66 入居者が亡くなったらどうなりますか？

賃貸物件特有のリスクとして、自殺や殺人事件など事故のリスクも挙げられます。

賃貸では入居者に、売買では買主に対する告知義務があり、これを「告知事項」といいます。

入居募集時に明記されますし、事情も説明しなくてはならないため、その部屋になかなか入居者がつきにくくなることがあります。

気になるのは物件の告知期間はいつまでなのか、ということですが、特に法律上の定めはありませんので、入居者が入れ替わったタイミングで告知事項を外すケースが多いようです。

つまり、事故が起こったときには、相場よりもとくに値段を下げて入居募集を行い、その入居者が退去したところで相場を戻すのです。

人が亡くなった部屋に住みたい人がいるのかと心配されるかもしれませんが、とにかく安く住みたいという入居者は一定数必ずいるものです。そういう人の場合、割り切って住む人もいますし、ニュースになった事件であっても外国人であれば知らないこともあり、告示事項があっても気にせず入居するケースも多いです。

Q67 予定外の出費には何がありますか？

物件購入後に設備が壊れて、その修繕のために思わぬ多額のお金がかかるようなことがあります。

そうならないために必要なのは、購入の時点で修繕履歴をよく確認することです。

また、見学時に物件調査への信頼できるリフォーム業者に同行を依頼して、屋上防水や外壁の状態をよく見てもらっておけば、ある程度は不意の大規模修繕の発生を防げるでしょう。

それでも給排水管のように見えない部分や、見えづらい設備が壊れたりする可能性はあり、完全に防ぐことが不可能なので、大規模な出費に備えてキャッシュフローを貯めておくしかありません。


さて、このように不意の修繕に対して、瑕疵担保責任が及ぶかどうかについてお話します。

中古物件で売主が業者の場合は、瑕疵担保責任が2年付きます。

この瑕疵担保責任は、基本的に主要構造部分までしか及びません。たとえば、シロアリにやられていたり、雨漏りがするといった建物の主要構造部分に対して、売主が業者の場合だと、最低2年間は認めることになっています。

その他の主要な構造部分ではないところだと、瑕疵なのか経年劣化なのか判別がつきにくいため、主要な構造部分のみと法律で定められているようです。

この主要な構造部分とは、屋根や柱、そして土台などになります。

RC造の物件ですと、陸屋根のところが多いので、屋上防水が切れていると、海水が漏水するといったケースが多々ありますが、これがベテランの不動産投資家ともなれば、承知した上でその修繕費分、安く買いたたいて購入する人もいます。

業者の場合、物件の売主が最低2年間は瑕疵担保責任を負わなければならないので、一般的に屋上防水などに問題があって売却後に漏水する可能性があるときには、最初の時点で屋上防水の工事を済ませて売却することが通例となっています。

ただ、中古物件で売主が個人の場合だと、売買契約書で瑕疵担保責任が免除されているケースが多いので注意してください。

買主側から交渉して、瑕疵担保責任の期間を3カ月つけてもらえるケースも多いです。

とにかく、中古物件で売主が個人の場合は、瑕疵担保責任は、交渉次第ということになります。

現在の不動産市況はとても活況で、RC造マンションなどの人気物件は品薄状態のため、「瑕疵担保責任は免責でないと売らない！」という売主さんも多いです。こういう需要と供給のバランスの場合だと、売り主側の立場が強くなり、売り手市場となっています。

ですから、優良物件の売り情報が入ってくると、1時間で10件ほどの買い付けが寄せられたりします。誰と契約をするかは売主の自由ですが、基本は一番手、二番手に買い付けを入れた人となります。あとは早くローンが付いた買主になります。

売り主側としても、少しでも自分に有利な条件で契約を求めてくるものです。かつては「鬼のような指値で安く買いたたく！」といった大家さんがいましたが、今は、買主の方から、指値をして値引きすることが非常に困難な状況ですので、物件調査時に建物の状態をしっかり確認しておくことが重要となります。

第４部
拡大編

拡大編は、不動産投資の規模拡大がテーマとなります。「物件を売却することで手元資金を厚くして、さらに買い増していく」これが不動産投資の王道です。そこまで本格的に取り組まないとしても、「売却」という出口を見据えることは、不動産投資を始めるにあたって大切なことなので、ぜひ知識を得てください。

第7章は物件の売却です。売却は「出口」ともいわれますが、購入以前にどういった出口があるのか確認することは非常に重要です。上手に売却することで利益を得て、規模拡大につなげていきましょう。また、売却にかかる費用や手続きについても解説しています。

第8章は投資規模の拡大です。不動産投資で安定的な収入を得るためには欠かせないことです。物件を買い進めていくためには、様々なコツがありますので、その基本となるところをわかりやすく紹介します。

第7章

売却は
どのタイミングで
するべきか

Q68

売却はどのようなタイミングが狙い目ですか？

売却は「出口」と言われます。一口に「不動産投資の出口」と言ってもいろいろな考え方があります。

例えば、1億円の物件を自己資金ゼロで、30年ローンで買ったとしましょう。1億円で買った物件が30年経過して、5000万円で売却したら、計算上は5000万円の売却損となります。しかし、自己資金ゼロの30年ローンでその物件を購入したとなると、じつは、「5000万円分、得をした！」と考えることもできます。

ではどのようなタイミングで売却すればいいのでしょうか。この数年、東京は都心を中心に不動産ブームとなり過熱気味です。融資が締まってきたという話もありますが、まだ値段は高いので、東京オリンピック開催前までに売却をするのも一つの目安でしょう。

もちろん、それぞれの投資家のライフスタイルにより、売るタイミングの考え方も違ってくるでしょう。それこそ、相続や節税対策などケースバイケースの話になってきますので、どのタイミングがベストとは一概に言えません。

ただし、新築の区分所有マンションを買ってしまった場合などは、まず、キャピタルゲインは難しいですし、なかなか希望価格では売れないので、売却のタイミングをどうすればよいかの判断は非常に難しいところです。

例として、東京都心で新築の投資用マンションを3000万円で買ったとします。売却の査定で2000万円であれば、1000万円の含み損失を抱えたことになります。そうすると今後、物件を買い進めていく上で非常に不利になるはずです。

銀行は審査をする上で依頼人の資産査定をしますので、1000万円の含み損失があれば、これを上回る金融資産か、他の資産を持ち合わせていないと債務超過とみなされ、一般的に新規の融資をしてくれないでしょう。

ですから、次の物件を購入するまでに、損切りのタイミングをはかり清算していかないと、銀行から借入ができない可能性もあります。つまり、売らないと買い進めなくなるということです。もちろん、充分な年収と資産背景があれば、この限りではありません。

Q69 高値で売るためのポイントはありますか？

投資家の大半は利回りを重視します。したがって、利回りが高くなる要素があれば、高値で売れる可能性が高まります。

また「入居率が高く、稼働率が高い物件」が好まれます。それには、まず入居率を高くしていく努力が必要です。実力のある管理会社と組んで、日々稼働率をあげながら、入居率を高めていくのが最善策といえるでしょう。これが、半分空室といった状況だと、いくら高く売りたくても、賃貸のつかない物件と見なされ高く売ることができません。

あとは、修繕やメンテナンスをこまめに行い、少しでも建物の状態をよくするのも重要なポイントです。これらの修繕の記録して修繕履歴を作成します。

屋上防水や外壁塗装など、お金のかかる大規模な修繕を、売却直前に行うかどうかはケースバイケースですが、一般的には屋上防水も外壁塗装も10年毎に行うなど、建物の劣化を防ぐ修繕は計画的に行う方がよいでしょう。

売却直前に建物のエントランスなど改装工事を行い、物件の見た目をよくするための工事をする売主もいますが、これをやることによって高値で売れるかどうかは別です。というのも、買い手の投資家は、物件を金融商品として見ています。

先述したように、物件の稼働率や入居率を重視する傾向があります。たとえ物件の見栄えがよくても、空室が多くて、なかなか埋まらない物件だったら購入をしたいという投資家はいません。むしろ、ボロボロでも入居率の高い方が買い手は必ず見つかります。

また、築古物件で大規模修繕を長期間していないケースで、瑕疵担保責任を免責で売りたいということも多いです。いつ雨漏りが起こっても不思議ではない物件でも、買い主が現れれば売買は成立します。

ただし、こういった物件では「近いうちに屋上防水をやる必要がある」と事前に告知した方がトラブルになりません。こういったリスクのある物件を購入されるのは、ベテランで投資経験が豊富な方が多く、「屋上防水は自分のところでやりますので、その分値引きしてください」と交渉してくる方も多いです。

Q70 瑕疵担保免責とは、どういう意味でしょうか？

「瑕疵（かし）」とは見えない欠陥のことで、もしもの時に補償するということを指します。

正式にいえば、「使用上当然に有しているべき性能などを欠く状態」で、雨漏りや構造の欠陥など、普通であれば容易に発見できない欠陥も含まれます。

こういった瑕疵が発見された場合、売主が責任を負うのが、法律の原則ですが、双方の合意により、売主を免責とする契約も可能です。これが「瑕疵担保免責」です。

つまり「万が一、欠陥が見つかったとしても補償しません」ということを、売買契約時に取り決めするのです。これが業者となると瑕疵担保免責はできず、2年間の瑕疵担保がつきます。

Q71

売却時に注意するべきポイントはありますか？

売却時に一番大切なのは、仲介してくれる業者をしっかり選ぶことです。

まずは実績のある業者です。戸建ての場合なら、戸建ての売買において実績のある業者がいいですし、一棟もののマンションであれば、その売買を数多く手がけて実績のある業者が信頼できるでしょう。

業者の探し方は、口コミや、『楽待』『健美家』などの不動産ポータルサイトに広告を出している業者の中から探すのがいいでしょう。知り合いの不動産投資家で、「売買をお願いした業者がとてもよかった！」と聞き、その業者を紹介してもらうのもよい方法です。

ただし、業者が決まっても、その会社にはたくさんの営業マンがいるケースがあります。営業マンといっても個々のスキルが違い、できる人もいればダメな人もいるのです。

また、その投資家との相性もありますから、営業マンと一度は面談をしてみて、会った感触で決めていくしかありません。もちろん知り合いの方から優秀な営業マンを紹介してもらう手もあります。

なお何人もの営業マンを天秤にかける投資家よりも、「この人！」と決めた営業マンだけを全面的に信頼し、浮気をしない投資家の方が好まれます。営業マンも人間ですので、やはり力の入れ方が違ってくるからです。

Q72

売却時にはどのような費用がかかりますか？

売主側にかかる費用として、まず仲介手数料が挙げられます。仲介手数料は、国土交通大臣が定める制限に従い、その上限額である物件価格の3％プラス6万円が一般的です。

この「物件価格の3％プラス6万円」について少し説明をしましょう。

次ページの図のように、物件価格の200万円までは、5％の手数料となります。この5％の手数料と3％の手数料の差額は、4万円です。さらに物件価格の200万円を超え、400万円までの部分に対しては、4％の手数料になります。この4％と3％の手数料の差額が、2万円です。それ以降の400万円超の価格部分に対しては3％の手数料です。

さきほどの差額部分の4万円と2万円を合計すると6万円となるわけです。言葉で

仲介手数料について

物件の価格	手数料の率（上限）
200万円以下の部分	5%
200万円を超え400万円までの部分	4%
400万円を超える部分	3%

※上記に消費税が加わります

・出典：国土交通省
http://www.mlit.go.jp/totikensangyo/const/1_6_bt_000249.html

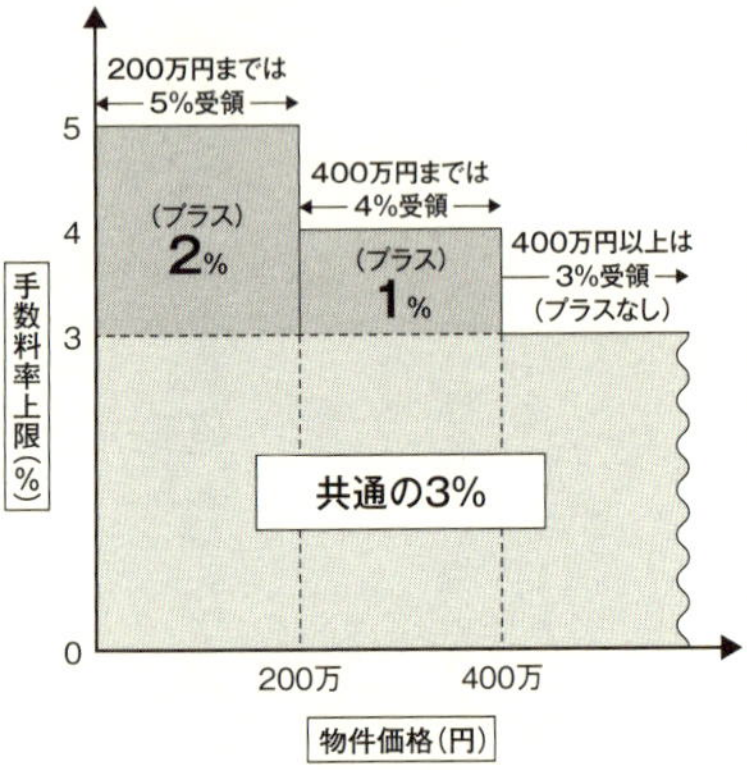

・1000万円の物件の場合

単純に

~~1000万円 × 3% ＝ 30万円~~

↓ ではなく

① 200万円 × 5% ＝ 4万円
＋
② 200万円 × 4% ＝ 2万円
（計6万円）

＋

② 600万円 × 3% ＝ 18万円

計　24万円
（消費税別途）

※□の部分は400万円以上の物件は共通となる

説明するとわかりにくいので図表をご覧ください。

また、個人の売買で利益がでれば譲渡所得税がかかります。基本的に5年をひとつの目処として、短期譲渡と長期譲渡に分けられ、もし短期譲渡でキャピタルゲインが出た場合、その所得に対して39%の税金がかかります。一方、長期譲渡でキャピタルゲインが出た場合は、20%の税金がかかります。

法人の場合は短期譲渡、長

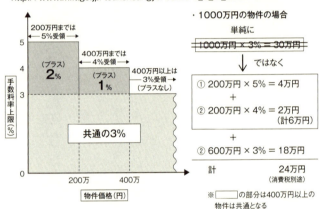

売却時にかかる費用の一覧リスト

仲介手数料	不動産会社に支払う仲介手数料
譲渡税	個人の売却によって売却益が出た場合は、所得税・住民税がかかる
登記費用	ローンが残っている時などの抵当権抹消登記費用、司法書士への報酬
印紙代	売買契約書に貼付する印紙代

期譲渡の区分は関係なく、その年度の全体の決算において利益が出た場合に、決められた法人税を払う必要があります。

また、ローンを全額返済したあと、銀行の担保設定の抹消登記で司法書士へ払う手数料や登記費用が発生することがあります。

その他、銀行からの借入金を一括返済する際、事務手数料を銀行に支払わなければいけないケースもあります。例えば金利が10年や20年の固定金利の場合は、中途解約に伴う違約金を請求されることもあります。

これらの中途返済に伴う違約金や手数料については、各銀行により大きく異なってきますので、金消契約を結んだ時の約款や契約書などをしっかり確認しましょう。また、事前に銀行へ確認しておくことをお勧めします。

Q73

築古物件は売却できるのでしょうか?

耐用年数を過ぎた古い築古物件でも売却をすることは可能です。しかし、そういった物件は銀行の融資は難しく、現金で買える人に限定されてきます。あとは値段の折り合い次第でしょう。とりわけ木造の収益物件は耐用年数が少なく、築古物件は売りにくいと言われています。

木造は解体費用があまりかからず、更地にしやすいので売れるという話もありますが、入居者が住んでいれば、解体して更地にすることが困難です。つまり、全空の物件であれば問題はありませんが、中途半端に入居のある歯抜けの物件は売りにくいのです。

具体的にいえば、1室だけ入居があり、賃借権を主張して頑なに立ち退きを拒んでいる状況では、なかなか買い手がつかないでしょう。この場合、立ち退いてもらうのは至難の業です。

賃借権とは、賃貸借契約に基づき、賃借人が契約の目的物を使用・収益する権利のことを指します。立ち退きをさせる場合には「正当な事由」といって、立ち退いてもらうための理由がなければいけません。

物件の老朽化が進んで大規模修繕、もしくは建て替えなどを行わなければならないのがこのケースに当てはまります。実際に、行政から勧告を受けて、建て直しを迫られている物件も存在しますが、相応の立退き料を支払うことで立退きが可能です。

その他、貸主側に「その物件を処分せざるを得ない事情」があった場合も正当事由として考慮されます。経済上の理由で、アパートの維持が難しくなった場合などがこれに該当します。

基本的に貸主から「出て欲しい！」という希望がある場合は、借主に対して、立ち退き料が発生しますが、中には立退き料が一切かからない場合もあります。

それは、借主が「お互いの信頼関係を壊すほどの債務不履行」を行っているケースです。具体的に言えば、次の通りです。

・家賃滞納
・契約時と違う用途で家屋や土地を使用している

ただし、家賃を支払わないといっても程度によります。「指定日より一週間遅れた」では債務不履行には認められません。「家主・借主間の信頼関係を壊す程度」というのが基準で、数か月におよぶ家賃滞納が該当します。

このように立ち退きには手間とコストがかかるものです。業者の中でも、立ち退くことを前提に物件購入することがありますが、結局、立ち退いてもらえず、歯抜けで売れない物件というのが、市場に結構数出回っています。

あと「事故物件」と呼ばれる自殺や他殺が起きた物件は、売りにくいでしょう。相場よりも安く値段設定をしないと売れないといえます。

第8章

投資規模はどのように拡大していくのか

Q74

2棟目を買い進めるために注意する点はなんでしょうか?

1棟目を買うときに、将来何棟ぐらい買い進めるつもりなのかをあらかじめ決めておきます。何棟まで買い進めるのかによってやり方も違ってきますし、途中でやり方を変えようと思ってもできなくなることがあります。

銀行によっても規模や体力が違いますし、それぞれの体力によって融資の基準や枠も異なります。3棟以上買い進める予定があり、借入金額が数億を超えてしまうのであれば、資産管理会社などの法人を設立し、そこで借入をして不動産を買い進めることをお勧めします。

また、規模拡大するために「2棟目以降はどんな物件を買ったらよいか?」という質問もよく受けます。

基本的には投資家それぞれが、自分の好きな物件を買い進めていくのが望ましいと考えます。とはいえ、基本的に銀行の融資を利用することになるので、銀行が融資を出しやすい物件を買っていくのが大前提です。

それでは、どういった物件なら融資が出やすいのかというと、これは銀行側が決めることです。それぞれの銀行には、融資基準や担保評価の基準があるので、その基準に合う物件を買っていくのが一番だと考えます。

いくら買主が気にいった物件でも、銀行の融資の基準に合わなかったり、評価が低いため融資を断られると売買は成立しません。したがって、規模拡大に向いている物件は、銀行が気に入って融資を出したい物件といえます。

具体的にどんな物件かと言えば、それぞれの銀行によって評価の基準が違いますので、一概に「これだ！」は言えませんが、そういった情報を熟知した不動産業者や営業マンとタッグを組んで物件を選定して、その物件にあった最適な銀行へ融資を申し込むことが可能になります。

我々の会社も、日々、そういった銀行の情報を入手しながら、その銀行に合う物件を用意していますので、ぜひ相談していただきたいと思います。

Q75 複数棟をまとめて買うことはできますか？

私のお客様の中には、毎月1棟ずつ買い進め、一年で12棟購入されたお客様もいらっしゃいます。もちろん、このようなケースが全てのお客様に可能な話ではなく、その方の属性や、運良く銀行が気に入る物件に巡り合えたなどの条件が合致して成功に至った例です。

繰り返しの話になりますが、どういった銀行に、どういった物件を持っていけば融資が通りやすいのかが重要です。それぞれの銀行が気に入る物件をどれだけ紹介できるかが重要になりますので、どの不動産業者を使っても可能な話ではありません。

不動産業者といっても、戸建てなどマイホームの実績しかないところですと、そのようなノウハウはないのです。

また、一棟物の収益物件を扱っている不動産業者であっても、年に2回～3回の実績しかなければ、そもそもノウハウの蓄積が少ないですし、取り扱っている銀行の数も少ないので、銀行の融資基準などの情報を熟知していません。

同じ不動産業者でも、一棟物の収益物件の実績が豊富で、いろんな銀行を扱った経験によりノウハウが積み上がっていきます。それができる業者はそれほど多くないといえます。

Q76

本業とは別に収入の柱をつくると考えた場合、目安としては何棟くらい物件があればいいでしょうか？

収入の柱として、月々のキャッシュフローをどれくらい欲しいかによるでしょう。

一口に収益物件といっても、一棟物件のキャッシュフローはそれぞれ違います。

何棟ぐらい必要なのかと問われれば、キュッシュフローが大きい大型物件では一棟でよいかもしれませんし、小さい物件ですと10棟は必要になるのかもしれません。また、投資家の年収、資産背景によって借入できる金額も違ってきますので、買える物件の数も限界があります。

収益性が悪く、キャッシュフローは少なくなるけれど、「立地条件がとてもよく、資産価値が高い物件を買いたい！」という人もいますし、逆に、地方の利回りの高い物件をたくさん買うなど投資効率重視の投資家もいます。

人によって考え方が違いますので、投資家の考え方やスタンスに従って、買い進めていただければと思います。我々業者も最初から投資家さんの考え方やスタンスを教えていただければ、できるだけそれに見合う物件を探し、銀行などの借入のお手伝いもさせていただきます。

Q77 規模拡大のためにやってはいけないことを教えてください

先述したとおり、基本的には、新築の投資用区分所有マンションの購入は、避けるべきでしょう。物件を買い進めていく際、銀行借入において負の遺産になる可能性が高いからです。場合によっては、そこから次のステップに進めなくなる可能性もあります。

それと、これは必ずとは言い切れないですが、中古であっても区分所有マンションを買い進めていくことはお勧めしていません。その理由としては、投資効率が悪いからです。

最後まで持ち続けるならよいですが、途中で売却してもキャピタルゲインが出にくいですし、逆に損失を出すケースも珍しくありません。

また、利回りを追い求めた結果、空室率の高い物件に興味をよせる投資家の方もいらっしゃいます。私としては、投資経験が豊富で再生ノウハウをお持ちの投資家であれば別ですが、そうではない一般の投資家はやめた方が無難だと考えます。

やはり、前提として稼働率の高い物件、キャッシュフローがプラスとなる物件を選ぶことが基本です。「空室率の高い物件はなぜ埋まらないのか？」という原因を、もう一度よく考えてみるべきではないでしょうか。

レントロールと呼ばれる家賃表が、意図的に操作をされた結果、騙されて空室率が高く、埋まらない物件を買ってしまった投資家もいます。売主が物件を売りたいがために、短期間の間だけ知り合いに入居してもらうというやり方です。この場合、物件を買ったと同時に退去されてしまいます。

物件の購入時は、物件資料をそのまま鵜呑みにするのではなく、自分自身で改めてリサーチすることが非常に重要です。レントロールについても「この立地でこの間取りなら家賃はいくらか？」と、現地の賃貸業者に何社かヒアリングすれば把握できます。

「不動産投資で失敗した！」という人は、人の言うことをそのまま信じ込んで、自分自身で実際に裏を取るという手間をせず、悪い物件を掴まされたという方が大半です。

改めて言うまでもないかもしれませんが、投資は自己責任です。もちろん、騙した売主や不動産業者も悪いのですが、実際のところはちょっとした説明不足、認識違いだったかもしれません。そもそも何千万円、何億円もする高い買い物をするのに、きちんと精査せず購入するのは、投資家として失格です。

レントロールの裏をとるだけでなく、修繕履歴などもきちんとチェックするなど、要は、最低限のやるべきことをやっていれば、不動産投資の失敗は限りなく少なくできるのです。また繰り返しになりますが、不慮の災害やトラブルに巻き込まれるリスクがあるので、それに対する備えは必ずしておきましょう。

たとえば、不慮の修繕を早急にやらなければいけない場合、ある程度の資金を用意しておかなければ対処はできません。トラブルが起こってから銀行に融資を申し込むようでは間に合わないのです。

レバレッジをかけて不動産投資をするということは多額の借金を背負うことです。そのリスクに見合うリターンを得るためには、投資家が自ら、日々、学んで実績を積み上げていくしかありません。

誰かに丸投げしているだけでは、大きな失敗をする可能性があります。

逆に、日々努力をして、自身の不動産に関するスキルを磨き、やるべきことをきちんとやって物件投資をしていけば、他の株式などの投資と比べても、失敗するリスクを軽減できるのが不動産投資の魅力でもあります。

まずは、不動産に関する知識を身に着けてください。そして、日々、インターネットなどにどんな不動産情報が出ているかを吟味し、相場観を養い、ノウハウを蓄積してください。

エピローグ

ドン底から不動産投資で資産10億円を達成した、ある経営者さんからの一通のメール

本書の最後に、不動産投資で成功すると経営者さんやお医者さんはどうなるのか？これをわかりやすくご紹介させていただきたいと思います。

実は、年始に本書のタイトル通り、不動産投資で資産10億円を達成した、ある経営者さんから一通のメールをいただきました。

本書の執筆中にふと思い出し、「あの方はわかりやすい成功者例だな！」と思っていましたところ、ちょうど最後に事例紹介のスペースをいただけました。

本人のご快諾も頂けましたので、ここでご紹介したいと思います。多少省略しましたが、ほぼ原文のメールです。

この方は、埼玉県在住の45歳で、エビやイカなどの水産業商社を経営される中村さんという非常に生真面目な中小企業の経営者さんです。

しかし、思い切って行動された結果、彼の人生は大きく変わっていきました。

こんにちは峯島さん。

今日は師走の12月22日、日本は一番忙しい時期ですが、私はハワイを訪れています。

クリスマスも兼ねて、妻と小学生の娘も連れてきました。会社の業績も昨年比1・9倍と順調なので、年末のこの時期でも、もうやることはなくなりました。

年末なので、最近知り合った大手企業の社長さんたちから色々なパーティや忘年会、新年ゴルフなんかにもよばれましたが、仕事以外で堅苦しい場は苦手なので、「すみません〜年末海外なんです」の一点張りで逃げるのもこの旅行の戦略の一つです！

後は部下に「クリスマスは定時で帰るように」と伝えて私は旅立ちました。

まあ、今年は社員全員のボーナスを2倍にしたので、みんな楽しく年末を迎えられると思います。

「社長、私もあとで家族と追いかけますよ〜　奥さんは買い物でしょうから、またゴルフ勝負しましょうよ！」という社員もいて、なんだか自分の時代若いころと変わり過ぎて少し悔しい気分です（笑）。

もちろん早めに忘年会はおこなっておきました。

50人の大所帯の峯島さんの会社と比べれば少ない社員ですが、経費が想像以上に余っていたので、思い切って一人2万円のフルコースにしてしまいました。

でも社員のやる気がでればいいんです。

そして、自分のモチベーションアップのために、ついに念願のレクサスをローンで買いました。（峯島さんのシリーズにはまだ及びませんが、これで一応同じ、レクサスオーナーですよね？？）

これも先行投資の考え方と峯島さんに教わりましたね。

別にローンでなくとも買えたのですが、現金は今後の不動産投資にとっておきたいのです。

昔の私なら間違いなく現金でパーッと買ってしまい後で後悔したでしょう。

本当にお金についての考え方、使い方がこの2年で変わりました。

でもその全ては、峯島さんや水戸大家さんの営業さんと出会えたことから始まりました。

いまでもあの時の自分の行動を誇らしく思い、峯島さんには本当に感謝しています。

そして不動産投資による恩恵の素晴らしさをいままさに体験しています。

いまでも恥ずかしく思いますが、本当に出会った頃の私はボロボロでしたね。

そんな私と真正面から付き合ってくれた峯島さんや営業さんには、もう生涯頭が上がりません・・・。

今日は、時間もあるのでいままでのことを振り返り、峯島さんにもう一度レポートしたいと思います。


きっかけは確か海外の「一代で100億円の資産を作った」という起業家の本が売れているということを知人から聞いて、「どんな人なんだろう?」と軽い気持ちで書店を訪れたことでした。

しかし、残念ながら書店に行ってもその本は見つかりませんでした。

その代わりに目に飛び込んできたのが峯島さんの著作「水戸大家式本当にお金が稼げる不動産投資術」でした。オビを見ると、自社の年間不動産取扱額が当時で300億円とかそんな感じだったと思います。

100億円の資産をつくった経営者の本を探していた私は、すぐにその本に飛びつきレジに走っていました。

「どんな経営してるんだこの社長は?」期待と興味で心臓がバクバクしていました。

あの頃の私は、本当に毎日仕事漬けでした。会社はそこそこの業績を上げていて給料も普通の中小企業の経営者よりは多かったと思いますが、正直私の労力がかなりのシェアでした。

でも根っからの性格なのか、やはり心配で社員に全て任せることはできませんでした。

埼玉を朝6時に家を出て新宿へ向かい、夜は毎日深夜となっていました。娘の寝顔を見ることをできてもほとんど会話はできませんでした。


ある日、いつものように深夜に帰った妻に「あなた、愛子の授業参観またいけないの? あの子楽しみにしているのに・・・」と暗い顔でつぶやかれました。

私もたまりたまっていたのでしょう。「仕事なんだから仕方ないだろう!」そんな風に妻にどなってしまいました。頑張っている妻に対してのあの言葉、態度・・・いまでは本当に恥ずかしく思います。

当時の私は本当に情けなくて、悔しかった。

「俺は社長なんだよな? 会社は順調なんだよな? なんでこんなに毎日苦しいんだろう・・・」自問自答の毎日でした。

そして、いつも思っていたのは、「もっと会社が儲かれば全部ラクになる、人も雇えて時間も作れるだろう。そのためにもっと私が働くしかないんだ！」

そんなときに出会ったのが峯島さんの本です。

すぐに近くのスタバに入り、書店の袋をビリビリに引き裂き本を取り出しました。もう読みたくてたまらなかったのです。本を読んでいくうちにどんどん惹きこまれていきます。不動産投資の可能性、融資のひき方から経営手順、資産性、どれもある程度の知識はありましたが、こんなに詳細に書いてある本は読んだことがありませんでした。

また、一番興味をもったのは、峯島さんのこれまでの半生です。

「え？　若いころは年収200万円？　新聞配達してたの？　不動産投資で年収1500万円？　月に400万円の広告費？　というか、峯島さんって30代？？？」

なにもかも予想を超えていました。

気づけばスタバに入って、4時間くらい経っていて、夜11時をまわっていました。それくらい夢中になっていたのです。

私の常識はその日を境に180度変わり、翌日私はすぐに水戸大家さんに面談の予約を入れました。

そして、念願の面談の日がやってきました。

面談シートをびっしり書いて、緊張でカチカチになって待っていたところ、峯島さんと敏腕営業マンさんが二人でいらっしゃり、「固くならないでくださいよ中村さん！」と、まずは熱心に面談をしながら、不動産投資の仕組みや利益の出し方を説明してくれましたね。

あの時、年間300億円を動かす経営者とは思えない謙虚ぶりと親しみやすい雰囲気にただ驚きました。

いままで会って来た若手で活躍している社長は本当に偉そうな態度の方ばかりだったので。

そこから、峯島さんが不動産投資の話ばかりでなく、真剣に私の会社の話やその経営のアドバイスまでしてくださいましたね。

「中村さん、いまの状況だと不動産投資をはじめるのは少しリスクがありますよ。お金でなく、あなた自身にです。もう少し経営内容を改善しましょう。それで不動産投資をやってあなた自身の人生もう少し楽しみましょうよ。」

いや、本当にこの若き経営者はすごい！　そう感じてひたすらメモをとっていました。

その傍ら、こちらも敏腕営業マンさんがもう私が買えそうな物件の情報を集めてくださいました。

しかも用意していた資金の半分も使わずに済みそうな融資プランまでつけられるとのこと。

「買います！　やらせてください！」私は興奮して即答しました。

すると、峯島さんは一言「一緒に頑張りましょう！」といい、固い握手をしてくれましたよね。

実はあの時、私はなにか言葉にあらわせない感動で泣きそうだったのは内緒です（笑）。


そして、順調に審査が進み、3カ月後に私は都内の3億円のマンションと東京郊外にある2億円のマンションのオーナーとなっていました。

購入時から満室の物件からは月に400万円以上の家賃収入が絶え間なく振り込まれてきます。

不動産投資をはじめて大きく変わったことがいくつも起こりました。

まずは会社の経営です。

峯島さんのアドバイスにより、会社の根本的な改革をすすめました。

売上と利益率の数字をもとに、無駄な業務は全て閉鎖し、儲かる分野に集中攻撃をしました。正直いままで必死に自分で築いてきた分野には思い入れはあったのですが、それでは自己満足になってしまいます。いつかもう一度リベンジすることを誓い、断捨離しました。


すると、売上は一時的にさがりましたが、利益は以前の2倍に！

また業務内容も半分になり、私の負担も大きく減りました。

次に、社内改革です。

経営者の私自身が働かないようにいろいろ考えて、そのための社員教育に力を入れました。その結果、役割を与えられた社員のモチベーションが想像以上に上がり、私の仕事が徐々になくなっていきました。

社内も以前に比べ、活気に満ち溢れ明るくなったと取引先の方から言われることが多くなりました。こうなると、業績もどんどん上がり、今期は過去最高の売上を叩きだし、人手不足で求人を出している始末です。

最後に、私自身の変化です。これが一番大きかったでしょう。

まず、改革により私の仕事は大きく減り、会議も可能な限りなくしたことにより、毎日お昼くらいに出勤し、定時に帰るくらいで十分の体制となりました。当然娘の小学校の行事もフル参加できるようになりました！

「お父さんとたくさん遊べるようになって嬉しいよ！」娘の言葉に恥ずかしながら思わず目頭が熱くなり、「うんうん、これからたくさん遊ぼうな！」としか言えなかったです。

妻を見ると同じく後ろを向いて涙していました。これから私は家族にたくさん恩返ししていかないといけないと強く思いました。

そして、家計も大きく変化しました。不動産投資により預金で眠っていたお金が、自動で稼いできてくれるお金に生まれ変わり、将来の貯蓄の余裕も生まれて来ました。

もちろん家賃収入はあまり使うわけにはいきませんが、お陰様で会社の利益率が格段にあがってきたので、社員と共に私の給料も増やすことができたので、以前より格段に使えるお金が増えました。

また付き合う方のレベルも変わりました。

いままでは仕事の延長だけの人付き合いでしたが、不動産投資の交流会やパーティなどを通して、これまでには考えられない取扱額が2桁以上違う大きな企業の経営者さんや、100億円を超える資産家の方ともお付き合いできるようになりました。そこからの学びはまさに「本当にお金を稼ぐための知恵の宝庫」です。

「俺は会社を支えるデキル経営者だ！」とおごっていた、今までの自分の小さな常識は全く意味がなかったことを痛感し、恥ずかしくなりました。

そして、最初の2棟の物件を買ったあとに、さらに2億円のマンションを横浜に購入させていただきましたね。

あの時は、またあの敏腕営業マンさんがすばやく情報を下さったおかげで、高利回りの優良物件を購入できました。

さらに先月に大阪の2億円の小ぶりのマンションの話をいただきこちらもまよわず購入しました。こちらは利回りが少し低いのですが、立地が素晴らしいので土地がメインでしたが、資産のバランスを考えて購入しました。

気が付くと私の資産は、大台の10億円となっていました。

そうそう、夏にはじめて峯島さんのおすすめのバリ島に行った帰り、成田空港で偶然峯島さんにお会いした時は本当に驚きました。

「あ、中村さんじゃないですか！」

「あれ？　み、峯島さんですよね？」

お互いほとんど同時に声をかけたのも本当におもしろかったです！

確か社員旅行でしたよね。ゴルフか海で真っ黒に焼けていた敏腕営業さんも私に気が付いて駆け寄って来て挨拶してくれましたね。

いや〜社員旅行で毎年数回海外とは、水戸大家さんは本当にすごい会社だと思いました。

そして、当時2億円のマンションの決済が無事終わったところだったので、気にかけてくださったのでしょうね。

「（埼玉に）戻るんですよね？　良かったらこれから二人でちょっと飲みませんか？　3棟目のお祝いも兼ねて一杯おごらせてくださいよ！」

そして、都内の私が行ったことないようなお洒落な（高そうな）バーに連れて行ってくださいました。それから不動産投資のこと、会社経営のこと、そしてお互いの将来の夢をグラスを片手に夜明けまで何時間も語りましたね。

あの夜のことを私は一生忘れないでしょう。


あのお店、実はあれから何度か私も取引などで使わせてもらっているんですが、あの髭の店長さんに頼んで峯島さんには内緒にしてもらっているんです。

なぜかっていうと、あの夜の約束の資産10億円を達成したんで、また峯島さんにおごってもらおうと企んでいるからです（笑）。

いかがだったでしょうか。

私も中村さんの成功は非常に嬉しく思っています。こういう成功者の誕生こそ、不動産会社の経営者として至上の喜びです。

今回中村さんをご紹介しましたが、実はこういった成功例は私のまわりではよく起こっている光景です。そして、成功する方に共通するのは、やはり中村さんのようにまず行動することです。

その次に、決断力です。何度も面談にはいらっしゃるのですが、ずっと悩んでいる経営者さんやお医者さんもいます。でもほとんどの場合、そこから大きく成功されることはありませんでした。

不動産投資のきっかけに当社の面談に来られ、結果として他の不動産会社さんからの紹介で1棟目の物件を購入された方もいます。でも私は、それを喜んでいます。それはそれでいいと思っています。なぜなら、私は一人でも多くの方に不動産投資でお金持ちになってもらい人生を楽しんでもらうために会社を興したのですから・・・。

その成功の過程に私や当社が関われたことだけで、私はその目的を果たしたと思っています。

だから、まずは行動すること！　私はこれからも愚直にこれを訴え続けたいと思います。

おわりに　～「成功の旨み」の賞味期限は長くない！～

本書を最後までお読みいただきまして、ありがとうございました。

不動産投資は「投資」といいますが、実際には「事業」です。経営者の皆さんから見れば、通常の業務を収益物件で行っているようなものでしょう。

私は、事業で成功されている経営者さんであれば、不動産投資でも必ず成功すると信じています。

ただし、おいしい食品と同じく、不動産投資での「成功の旨み」の賞味期限はそれほど長く続かないかもしれません。


ここ数年、かつてないほどに不動産投資が盛り上がっていましたが、2017年4月に金融庁の引き締めがありました。

現状ではさほど大きな影響が見られませんが、これから徐々に融資が締まってくるのではないかと思います。

急かすわけではありませんが、物件の買い時というのは融資が潤沢に出るタイミングです。今はまだそのチャンスであることは間違いありません。

これまで取引先金融機関と順調にお付き合いされている経営者さんであれば、全く問題はありませんが、金融機関とはお付き合いされていない経営者さんであれば、まずは今このタイミングで取引実績をつくることで、今後の投資を優位に運ぶことができるでしょう。


世の中の困りごとや不満の８割はお金で解決できるといいます。お金を儲けたからといって幸せとは限りませんが、安定的な収入があることは、経営者の皆さんにとっての大きなリスクヘッジになるはずです。

本書を読んで不動産投資に興味を持たれた方は、ぜひ、私に会いにきて直接、疑問をぶつけてください。真摯に応えたいと思います。

また、あなたの投資のゴールを目指して、全力でサポートをさせていただきます。

そして、今よりもっともっと成功しましょう！

２０１７年５月

峯島忠昭

・著者プロフィール

峯島 忠昭（みねしま ただあき）

1980年茨城県生まれ。株式会社水戸大家さん代表。株式会社MTK代表。不動産仲介業全般。宅地建物取引主任者。

サラリーマン時代の2005年より茨城県水戸市を中心に不動産投資を開始し、わずか4年で家賃年収1700万の資産を築く。その結果、28歳の若さでサラリーマンを引退しセミリタイアを果たした。

2011年の東日本大震災をきっかけに、水戸市を離れ不動産業に専念。六本木交差点に本社をかまえ、年商13億円、50人の社員を抱える実力派経営者となる。相談者への融資サポート額は累計1000億円以上、不動産取扱額は累計300億円以上。

現在は、TV番組、ビジネス雑誌インタビュー、無料メルマガ『水戸市のサラリーマン大家さん』（14万部※本書出版時）など多くのメディアで日々良質な不動産情報を提供している。さらにほぼ毎週日本全国を訪問し、サラリーマンや不動産投資家へセミナーや面談を（述べ人数2万人※本書出版時）をおこなっている。

著書に『改訂新版“水戸大家式”本当にお金を稼げる不動産投資術』『サラリーマン大家さん“1棟目”の教科書』（共にごま書房新社）等、計7冊執筆。

●著者サイト『株式会社水戸大家さん』
http://mitoooya.com/
●著者メルマガ『水戸市のサラリーマン大家さん』（購読無料）
http://www.mag2.com/m/0000282526.html

お金持ちの経営者や医師は既にやっている
“資産10億円”をつくる不動産投資

著　者	峯島 忠昭
発行者	池田 雅行
発行所	株式会社 ごま書房新社 〒101-0031 東京都千代田区東神田1-5-5 マルキビル7F TEL 03-3865-8641（代） FAX 03-3865-8643
カバーデザイン	堀川 もと恵（@magimo創作所）
印刷・製本	倉敷印刷株式会社

ISBN978-4-341-08670-1 C0034

ごま書房新社の本

～累計6000人以上の投資相談を受けてわかったリアルな不動産投資成功の法則～

改訂新版 "水戸大家"式 本当にお金が稼げる不動産投資術

株式会社水戸大家さん代表

峯島忠昭 著

累計2万部のロングセラー。TV出演、ビジネス雑誌登場でいま話題の著者!

大好評10刷!

【「いくら稼ぎたいのか?」から逆算すればシンプルで最短の投資戦略がわかる】

サラリーマン時代からコツコツ不動産投資をおこなった結果、業界でも話題の若手カリスマ大家さんとなった著者。そのノウハウを活かし「不動産投資を通して、成功する方を一人でも多くサポートしたい」という目標を叶えるため、不動産業をおこなうことを決意。現在までに6000人以上の方より相談を受け、独自のアドバイスと累計400億円以上の融資サポートにより、日々「お金持ち」不動産オーナーを誕生させている。リアルな成功事例より、本当に成功するための不動産投資術を本書で解説!

本体1550円+税　四六版　256頁　ISBN978-4-341-08655-8　C0034

ごま書房新社の本

～初心者8000人から相談されるプロが答える70のQ&A～

サラリーマン大家さん “1棟目”の教科書

株式会社水戸大家さん代表
峯島 忠昭 著

大好評 6刷！

TVレギュラー出演で話題の著者！
不動産投資部門を含む
Amazon5部門1位のヒット作！

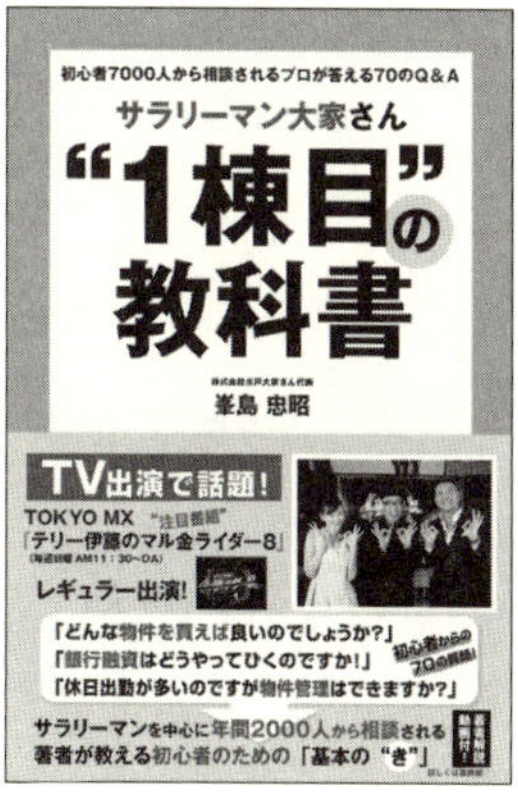

初心者向け70の不動産投資Q&A！
〝業界初〟動画解説付きでわかりやすい！

【年間2000人から相談される著者が教える不動産投資「基本の“き”」】
初心者から質問が多い内容とそのアドバイスを70項目に厳選して紹介！
さらに各章の最後にある著者の解説動画（URL）をスマホでみておさらいできる斬新な一冊！

「STEP1」準備編 第1章〈不動産投資市況〉 第2章〈投資手法〉「STEP2」購入編 第3章〈物件購入〉 第4章〈投資指標〉 第5章〈投資地域〉第6章〈銀行融資〉 第7章〈物件調査・選定〉「STEP3」運営編 第8章〈災害・空室・リフォーム〉 第9章〈管理運営〉「STEP4」拡大編 第10章〈売却〉第11章〈規模拡大〉 第12章〈法人化〉

本体1550円＋税 四六版 232頁 ISBN978-4-341-08639-8 C0034